a^e

colección acción empresarial

EL DILEMA DEL
DIRECTIVO

**Daniel Sánchez Reina e
Isabel Iglesias**
Prólogo de Javier Fernández Aguado

EL DILEMA DEL
DIRECTIVO

MADRID	BARCELONA	BOGOTÁ
MÉXICO D.F.	MONTERREY	BUENOS AIRES
LONDRES	NUEVA YORK	SHANGHÁI

Comité Editorial de la colección de Acción Empresarial: Tomás Alfaro, José Luis Álvarez, Ángel Cabrera, Salvador Carmona, Germán Castejón, Guillermo Cisneros, Marcelino Elosua, Juan Fernández-Armesto, José Ignacio Goirigolzarri, Luis Huete, María Josefa Peralta, Pedro Navarro, Pedro Nueno, Jaime Requeijo, Carlos Rodríguez Braun, Susana Rodríguez Vidarte y Santiago de Torres.

Colección Acción Empresarial de LID Editorial Empresarial, S.L.
Sopelana 22, 28023 Madrid, España - Tel. 913729003 - Fax 913728514
info@lideditorial.com - LIDEDITORIAL.COM

No está permitida la reproducción total o parcial de este libro, ni su tratamiento informático, ni la transmisión de ninguna forma o cualquier medio, ya sea electrónico, mecánico, por fotocopia, por registro u otros métodos, sin el permiso previo y por escrito de los titulares del *copyright*. Reservados todos los derechos, incluido el derecho de venta, alquiler, préstamo o cualquier otra forma de cesión del uso del ejemplar.

Editorial y patrocinadores respetan los textos íntegros de los autores, sin que ello suponga compartir lo expresado en ellos.

© Daniel Sánchez Reina e Isabel Iglesias Álvarez 2014
© Javier Fernández Aguado 2014, del prólogo
© LID Editorial Empresarial 2014, de esta edición

EAN-ISBN13: 9788483568880
Directora editorial: Jeanne Bracken
Editora de la colección: Laura Madrigal
Edición: Maite Rodríguez Jáñez
Maquetación: produccioneditorial.com
Fotografía de portada: © iStockphoto.com/craftvision
Diseño de portada: El Laboratorio
Impresión: Cofás, S.A.
Depósito legal: M-7.216-2014
Impreso en España / *Printed in Spain*

Primera edición: abril de 2014

Te escuchamos. Escríbenos con tus sugerencias, dudas, errores que veas o lo que tú quieras. Te contestaremos, seguro: queremosleerteati@lideditorial.com

A todos los que valoran la función directiva como
una gran responsabilidad sobre sus equipos,
personas que no les eligieron como jefes.

A todos los que alguna vez sintieron mariposas
en el estómago cuando tuvieron que tomar
decisiones que afectaban a personas.

A nuestras familias, en especial a nuestros hijos,
de los que tanto hemos aprendido y seguimos
aprendiendo para ser mejores gestores
de personas cada día.

Índice

Prólogo de Javier Fernández Aguado 9

Introducción 15

PRIMERA PARTE
GESTIÓN DE EQUIPOS Y PERSONAS

01. **El dilema de las oportunidades.** Cuándo decidir dar oportunidades de promoción a un colaborador 21

02. **El dilema del compromiso.** Cuando no es suficiente con hacer bien el trabajo 31

03. **El dilema de la autoridad.** Cuando no se reconoce la autoridad de un superior 45

SEGUNDA PARTE
GESTIÓN DEL CONFLICTO

04. **El dilema de los intocables.** Cómo actuar cuando un buen desempeño va acompañado de una mala actitud 61

05. **El dilema de las expectativas.** Cuando no hablar claro genera más problemas 79

06. **El dilema del coliderazgo.** Cómo gestionar la falta de
voluntad de un compañero directivo 89

TERCERA PARTE
GESTIÓN DEL TALENTO

07. **El dilema de la confianza.** Cómo forjar un colaborador
excepcional 107

08. **El dilema de la actitud.** Hasta dónde vale la pena hacer
esfuerzos para desarrollar a un colaborador 119

CUARTA PARTE
GESTIÓN DE LA MOTIVACIÓN

09. **El dilema de la motivación del jefe.** Cuando el líder
pierde la motivación 135

10. **El dilema de la motivación del colaborador.** La motivación
se conquista todos los días 149

QUINTA PARTE
GESTIÓN DE LA TOXICIDAD

11. **El dilema de la supervivencia.** Por qué un empleado brillante
puede convertirse en tóxico 163

12. **El dilema del jefe mediocre.** Cuando el equipo brilla más
que el jefe 177

13. **El dilema de la reacción ante la tiranía.** Cuando tu jefe
se convierte en tu peor pesadilla 189

SEXTA PARTE
GESTIÓN DE LA CULTURA Y LA COMUNICACIÓN EMPRESARIAL

14. **El dilema de la negociación.** La negociación como piedra
angular en las organizaciones 207

15. **El dilema de la comunicación.** Cuando es más importante
el cómo se comunica que el mensaje 221

Prólogo

Stalin, nada ejemplar como directivo, afirmaba con lúcida expresión: «la teoría sin práctica es estéril; la práctica sin teoría es ciega». A esa encrucijada se enfrentan a diario los especulativos del *management,* por un lado, y los gestores *(practicioners),* por otro. No es fácil hallar salida al conflicto. Por eso, es un placer encontrar libros como el que el lector tiene entre las manos. Dos profesionales –Daniel Sánchez Reina e Isabel Iglesias– han asumido la audacia de tratar de cortar un nudo gordiano que tantas veces oprime a quienes se dedican a gobernar personas.

En la defensa de su tesis doctoral, Hegel fue increpado por un miembro del tribunal:

—Esto que usted defiende no es real –le espetó.

—Entonces, ¡peor para la realidad! –replicó el ofendido doctorando.

Cuántas veces he escuchado recetas semejantes, peor expresadas formalmente, en discusiones académicas en las que los participantes estaban ayunos de experiencia práctica. Recuerdo, sin ir más lejos, cómo un catedrático de Mercantil, presuntamente prestigioso, me solicitaba tiempo atrás, siendo yo síndico en una quiebra:

—¿Podría, por favor, invitarme a asistir a una junta de acreedores? Llevo años explicando Concursal y nunca he conocido ni de lejos una situación así…

¿Qué enseñaría aquel docente, por mucha documentación que hubiese manejado? Es como si un cirujano nunca hubiera operado y pretendiese sentar doctrina sobre cómo introducir el bisturí en un cuerpo.

En el otro extremo se alinean quienes se afanan en resolver cada día los mil incidentes que presenta una función directiva creyendo que la mera experiencia, muchas veces mera rutina, les consiente dogmatizar sobre cualquier situación.

En realidad, la correcta mezcla de experiencia con formación conceptual genera riqueza para la toma de decisiones. El intento de Isabel y Daniel es, por tanto, no sólo loable, sino que resulta indispensable.

El ser humano –y parafraseo ahora a Kant– se plantea cuestiones análogas a lo largo de las generaciones y cada persona en concreto a lo largo de su existencia. Para brindar respuestas válidas resulta de nuevo ineludible la mezcla de las vivencias con la estructura mental que permita establecer principios para futuros escenarios, pues nunca una decisión servirá exactamente igual en un avatar sucesivo.

Hasta hace pocos años, los intentos de análisis del estilo de *El dilema del directivo* procedían del ámbito anglosajón. Sucedía con esa literatura exactamente lo mismo que con tantos casos empleados en escuelas de negocios: plantean coordenadas radicalmente alejadas de las circunstancias y necesidades de las organizaciones latinas.

Daniel e Isabel, siguiendo la estela de la pujante escuela española de *management* que va dejando impronta tanto en nuestro país como allende nuestras fronteras, han desarrollado la intrepidez de presentarnos casos reales bien próximos a la práctica directiva de los potenciales interesados.

La lectura de esta obra se revela luminosa y cercana. Se abordan las cuestiones con coraje y se rompen esquemas preconcebidos y desproporcionadamente asentados. Así, se desmenuza la insania de quienes ascienden a personas que albergan tanta ambición como ausencia de actitudes para el gobierno. Al igual que se denuncian aquellas organizaciones –y no son pocas– tan expertas en atraer talento como en despacharlo por carencia de cualidades de quienes ostentan los galones.

En todos los casos planteados brotan a borbotones verdades que serán reconocidas por quienes cada día se desenvuelven en la gestión de personas. ¡Cuántas veces –y es un tema recurrente en el libro– se confunde compromiso con cerrilismo! Demasiadas organizaciones, incitadas por directivos desprovistos de formación técnica y/o ética no solicitan compromiso, sino acatamiento que renuncie a la reflexión. Luego, se sorprenden cuando los más valiosos escapan hacia otros destinos en los que pueden desarrollar sus potencialidades. Todo por olvidar que el talento no puede desplegarse en cautividad.

También es indagada con agudeza la distancia que existe entre un directivo y un líder. El primero logrará, quizá, resultados. Entre otros motivos, porque en períodos de crisis no quedará más remedio que tragar con las imposiciones, ya que las alternativas laborales son nulas. El espejismo de la lealtad a la organización se romperá cuando el mercado consienta incorporarse a otros proyectos más atractivos.

El líder genera compromiso porque él mismo lo tiene con su gente. Me gusta insistir en que un líder sólo sabe contar hasta uno: cada una de las personas a su cargo le importan. Un líder no moviliza a un colectivo, sino a individuos. A quien le basta con arengar a la masa le cuadra más el título de manipulador (cuántas réplicas de Stalin, Lenin, Hitler, Chaves o Castro hay en el mercado), nunca el de líder.

Algunos –y es otra de las materias abordadas con sagacidad– diferencian entre la forma y el fondo, como si ocupar un puesto de mando y/o contar con preparación técnica generase una patente de corso para maltratar a colegas, superiores o colaboradores. Yerran quienes así juzgan, porque «la forma forma parte del fondo». No sólo importa lo dicho, sino el cómo se transmite. En muchas ocasiones, bastaría considerar cómo nos sentiríamos nosotros de encontrarnos al otro lado de la mesa. La empatía es una de las habilidades comportamentales más difíciles de adquirir, porque demanda emerger del limitado modo que cada uno de nosotros tenemos de contemplar el mundo que nos rodea.

La frustración procede de la divergencia que se plantea entre las expectativas y los logros. Si bien es cierto que un directivo ha de ser un sembrador de ilusión, también lo es que ha de marcar objetivos retadores pero posibles. De otra forma, sus propuestas irán dilapidando credibilidad.

La persona es el único ser que vive en futuro. Pero ese vivir en proyectos no significa que las ensoñaciones sean suficientes. Prometer lo que puede alcanzarse es lo correcto. Plantear como cima desafíos irrealizables es transfigurarse de directivo en embaucador. Muchas organizaciones padecen depresión colectiva porque sus promotores o sus dirigentes plantearon, a sabiendas, como hacederas metas inalcanzables.

Liderar no es imponerse. Liderar tiene mucho más que ver con servir que con recargar a otros con pesos insoportables. Sólo quien entiende esto generará a su alrededor ese compromiso que convierte a un grupo humano en un equipo deseoso de contribuir al bien del conjunto y no en una lucha de egos por ver quién obtiene más o quién dice la última palabra.

El talento se convirtió antes de la crisis económica en un tótem. En realidad, el talento es la capacidad que permite que una persona sepa responder en un entorno determinado de forma adecuada a las necesidades emergentes. Es otro de los temas reiteradamente examinado. Y, como las demás cuestiones, con acierto.

No deseo entretener más al lector. Un prólogo tiene por exclusivo objetivo espolear a engolfarse en el libro.

Ojalá Isabel y Daniel den continuidad a este trabajo y sigan sembrando ideas que contribuyan a mejorar la realidad. Se lograrán en la medida en que cada uno de nosotros en vez de entretenernos en fantasiosas quimeras nos esforcemos por crear un micromundo mejor en nuestra área de influencia.

Numerosos son los autores españoles que, superados complejos heredados, están poniendo de manifiesto que –como ha escrito Carlos de Benito– «el *management* español juega en las mejores ligas». Isabel y Daniel, repito, se suman a esa estela de profesionales que están posicionando a España en el lugar que debe ocupar en el panorama internacional también en el apasionante mundo del gobierno de personas y organizaciones. Les felicito, y también a los lectores por haber decidido invertir unas horas en esta interesante obra que les reportará valiosas sugerencias para la mejora en sus habilidades directivas.

Javier Fernández Aguado
Socio director de MindValue

Introducción

Este libro nació de la idea de darle visibilidad, desde la desnudez emocional, a los claroscuros de la función directiva. No es frecuente que los directivos expongamos crudamente nuestras experiencias de fracasos en la gestión de personas y, con esta actitud opaca, a lo único que contribuimos es a hurtar a nuestros amigos, colegas y conocidos la posibilidad de allanarles el camino hacia su propia mejora.

A pesar de que acostumbramos a afirmar que de los errores se aprende, solemos quedárnoslos para nosotros, extraemos nuestros propios aprendizajes y no los compartimos por temor al rechazo y a las dudas que se puedan generar sobre nuestra competencia profesional.

No tengamos miedo: solo a los necios les pesará más la voluntad de burla hacia nosotros que la de agradecimiento por compartir nuestras experiencias.

En el libro mostramos situaciones de todo tipo a las que se puede enfrentar un directivo en su día a día. Pero son las que entrañan un conflicto o dilema las que más inseguridades nos generan y, por tanto, las que necesitamos reconducir para preservar nuestra autoestima con más urgencia. Si conseguimos que el lector se sienta identificado en la adversidad y reciba un poco de luz para gestionar personas con mayor seguridad, habremos conseguido nuestro objetivo. Es por eso que hacemos mayor hincapié en situaciones que se perciben habitualmente como negativas.

Todas las historias expuestas en este libro están basadas en hechos reales y engloban un abanico diverso de empresas y colectivos con las que se ha tenido contacto, tanto directo como indirecto. Con el objetivo de preservar la privacidad, se han modificado los nombres y contextos de las personas que aparecen y también se han omitido los nombres de las empresas a las que pertenecen.

No es nuestra intención juzgar la gestión de organización alguna, sino analizar las actitudes y los comportamientos de los personajes, aportando guía y reflexión al lector. Por este motivo, rehuimos en el libro del mero análisis psicológico y perseguimos el pragmatismo enfocado a la mejora de la función directiva. Para ello, enfocamos cada una de las situaciones desde dos puntos de vista diferentes: el del propio directivo y el de la persona experta en Recursos Humanos:

- El directivo: Daniel Sánchez Reina relata su experiencia directiva de forma directa o, en el caso de las indirectas, su visión de los sucesos expuestos. Es la perspectiva de quien conoce bien a cada persona de su equipo y las dinámicas organizacionales. Sin embargo, a su vez puede estar influido por cierto sesgo ambiental.

- La especialista en Recursos Humanos: Isabel Iglesias analiza, desde su bagaje profesional como experta en gestión de personas, los factores que motivan las conductas de los personajes, sus consecuencias y posibles vías de solución de los conflictos relatados, y critica con firmeza la gestión de Daniel cuando lo estima oportuno.

Para reconocer mejor las situaciones con las que un directivo puede sentirse identificado en un momento determinado, se han dispuesto los capítulos en áreas de gestión: equipos y personas, conflicto, talento, motivación, toxicidad, y cultura y comunicación empresarial, por lo que no es necesario una lectura secuencial; los casos pueden leerse de una forma independiente.

En la mayoría de capítulos se utilizan de forma indistinta los términos «jefe» y «líder», sin dotar a ninguno de ellos de una apreciación superior. Por tanto, el término «jefe» no se utiliza necesariamente en clave peyorativa. Existen situaciones en las que sí queremos establecer una diferenciación cualitativa entre ambos, en cuyo caso se especificará con claridad. Por su parte, términos como «empleado», «trabajador» o «colaborador» son sinónimos a lo largo de todo el libro.

En *El dilema del directivo*, se defiende la tesis de que no existen verdades absolutas en la función del liderazgo. Las diferentes posiciones desde las que se observan los hechos generan necesariamente diferentes percepciones sobre los mismos. En no pocas ocasiones la visión del directivo expuesta difiere de la reflejada por la responsable de Recursos Humanos y viceversa.

Este libro aspira a que el lector se sienta identificado en las situaciones relatadas y a que le sirva de herramienta de apoyo. Ya sea en el entorno empresarial, social, familiar o individual, el liderazgo es un concepto que, guste más o menos, todos ejercemos de una forma u otra desde que nos levantamos hasta que nos acostamos.

Si conseguimos despertar la reflexión en el lector, así como aportarle herramientas que pueda emplear en su labor diaria de liderazgo, nos daremos por satisfechos.

¡Buen viaje!

Primera Parte
Gestión de equipos y personas

1 | El dilema de las oportunidades
Cuándo decidir dar oportunidades de promoción a un colaborador

> «La naturaleza nos ha dado las semillas del conocimiento, no el conocimiento mismo».
>
> Lucio Anneo Séneca

¿Cuándo debes otorgar mayores responsabilidades a un colaborador? ¿Cuáles son los signos que te indicarán que la persona está preparada? ¿Cómo sabrás que estarás haciendo lo correcto? ¿Qué hacer en el caso de que constates que te has equivocado?

A esta situación se enfrentó Daniel cuando promocionó a María, que nunca había tenido responsabilidades de gestión. Hasta entonces siempre había desarrollado labores técnicas en el departamento de Atención al Cliente, solucionando las incidencias y dudas que recibía. La empresa, posicionada entre los líderes de su sector y que sumaba unos 600 trabajadores, estaba pasando por una etapa de crecimiento en la que la velocidad de creación de nuevos productos era alta. Aquellos empleados que atesoraban un mayor conocimiento sobre los productos cobraban especial protagonismo en aquellos momentos. María estaba considerada una de las mayores expertas en uno de los productos de la compañía.

En el análisis del caso de María hablaremos sobre el principio de Peter, así como de la necesidad de saber conjugar de formar acertada en nuestros colaboradores las habilidades más técnicas con aquellas otras relacionadas con la gestión y dirección, tanto de proyectos como de personas. ¿Son suficiente predictor de éxito las conductas practicadas en el pasado?

El directivo

María espera su oportunidad. Está ávida de responsabilidad. Hasta el momento sólo ha tenido ocasión de demostrar sus capacidades técnicas y ahora quiere sentir sobre sus hombros el peso de tareas más complejas, donde no tenga que limitarse a ejecutar instrucciones sino también a gestionar y tomar decisiones. Siempre que tiene ocasión recuerda a su entorno lo válida que es y lo mucho que la empresa lo notaría si ella no estuviera.

Alguien desconocedor de las funciones de María y ajeno a la empresa, con tan sólo escucharla, podría pensar que ostenta un cargo ejecutivo de gran relevancia. Sin embargo, su ámbito de responsabilidad se limita a velar por el seguimiento y buen funcionamiento de una pequeña parte del negocio. Con sus demostraciones de poderío María pone de manifiesto sus ganas de destacar, de demostrar que tiene capacidad para mucho más y complejo. No me molesta su actitud. Bien al contrario, sé que se entregaría en cuerpo y alma a cualquier pequeño reto que se pusiera en sus manos.

Sin embargo, tengo dudas fundadas de que pueda hacer frente a desafíos de gran envergadura, en los que la capacidad de gestión sea un elemento capital. María es una buena técnica, pero no estoy tan seguro de que sus habilidades de gestión y relacionales sean las adecuadas. Tengo dudas de que sea capaz de conseguir que un equipo de personas, puestas bajo su supervisión y coordinación, consiguiera los objetivos marcados.

Un buen día surge la necesidad de constituir un equipo para llevar a cabo un proyecto de alta relevancia para la compañía. Pienso que puede ser una buena oportunidad para situar a María ante el reto que lleva años esperando y que, de una vez por todas, pueda demostrarnos de lo que es o no capaz. Decido ponerla al frente para conducirlo, darle la oportunidad tan esperada y que pueda desplegar sus tan automencionadas habilidades. Nunca tienes la certeza absoluta de acertar en la confección de un equipo pero, en este caso, poniendo a María a la cabeza, la incertidumbre aumenta en mi interior provocándome una inquietud rayana en temeridad.

María asume el encargo con ilusión. Sin embargo, detecto también en su voz y en sus gestos una inseguridad que contrasta con sus acostumbrados alardes de virtudes personales. Me pongo en estado de alerta, aunque la decisión ya está tomada y anunciada. *Alea jacta est*. Ayudo a María en los grandes trazos del reto, en la planificación estratégica sobre cómo abordarlo y se pone manos a la obra.

Al cabo de una semana ya comienzo a percibir que las cosas no están yendo bien. Recibo informaciones contradictorias entre lo que me reporta María y lo que me llega a través de miembros cualificados del equipo de proyecto. Hablo con ella sobre estas diferencias y me responde que no puede responsabilizarse del trabajo de los demás. Le recuerdo que un buen jefe debe estar al corriente del trabajo de los miembros del equipo, ayudarles donde y cuando sea preciso, y priorizar y velar por la mejor calidad del producto final.

Le doy la oportunidad de retirarse si no se ve capaz de llevarlo adelante, pero la rechaza y decide seguir.

Al cabo de un mes la situación es ya insostenible: María está cada día más irascible y se está granjeando la animadversión del grupo, su gestión deja mucho que desear, los hitos del proyecto se están incumpliendo sistemáticamente en tiempo y forma, no establece prioridades, ha perdido cualquier autoridad, no se centra en los obstáculos importantes ni en el camino crítico... ¡Un desastre!

A partir de ese momento decido acompañarla constantemente, ser su sombra todo el tiempo. Sé que, por una parte, le molesta esta tutela pero, por otra, se siente liberada y se le nota menos tensionada. Y, lo que es más importante, es mi obligación reconducir esto.

El proyecto finaliza con éxito –no sin un gran desgaste por mi parte– y una mezcla de sensaciones ambivalentes en mi interior. ¿Ha servido esta experiencia a María para que pondere sus habilidades? ¿Debería haberla acompañado más desde el comienzo, no dando por supuestas sus automencionadas habilidades? ¿Es justo escatimar oportunidades a quien (tan sólo) intuimos que no las desarrollará hábilmente?

Desde que tuve esa mala experiencia, tan sólo asigno responsabilidades relevantes a aquellos colaboradores que sé que cuentan con la voluntad y con la capacidad necesarias. Cualquier otra opción es un juego de casino. Si no he tenido la ocasión de verificar la competencia de la persona en el pasado, hago caso a mi intuición que, aunque no parezca un método muy científico, acostumbra a funcionar.

El especialista en gestión de personas

María es un claro ejemplo del principio de Peter o cómo promocionar a un empleado hasta que alcance su nivel de incompetencia.

El principio de Peter se basa en dos ideas fundamentales:

- Con el tiempo, todo puesto tiende a ser ocupado por un empleado que es incompetente para desempeñarlo.

- El trabajo es realizado por aquellos empleados que no han alcanzado todavía su nivel de incompetencia.

En el caso de María podemos ver claramente que se ajusta a la primera premisa. Hasta llegar a su nivel de incompetencia, María había sido una empleada que había mostrado ciertas cualidades válidas para asumir más responsabilidad: buenos conocimientos técnicos y una actitud muy adecuada para aceptar nuevos retos. Aun así, su superior albergaba ciertas dudas respecto a asignarle funciones para las que se requirieran habilidades de dirección y gestión de equipos. Este tipo de situaciones son bastante habituales en las empresas: se tiende a pensar que un empleado con buena capacidad técnica podrá desempeñar y asumir nuevas funciones y responsabilidades, basando la decisión en el desempeño anterior. La realidad es bien distinta y, por lo general, son pocas las personas que pueden llevar a cabo nuevas responsabilidades de forma exitosa sin contar previamente con una formación o un período de aprendizaje que garantice que pueda llevar a cabo su nuevo puesto de forma eficiente.

Por ejemplo, es bastante frecuente encontrarnos con magníficos vendedores que han sido promocionados a jefes de Ventas y que han resultado desastrosos en esa nueva función. El motivo es bien sencillo: se tiende a evaluar al empleado que se quiere promocionar en base a su desempeño pasado, sin tener en cuenta los requerimientos del nuevo puesto. Es decir, se pone en exceso el acento en los logros anteriores como predictores de los futuros, sin que exista necesariamente una correlación. Intervienen factores que pueden distorsionar esos desempeños, como la falta de formación en una determinada habilidad o, simplemente, cuestiones actitudinales.

Este es claramente el caso de María: su competencia técnica la posiciona como una candidata válida para asumir nuevas funciones; sin embargo, su falta de habilidades de gestión y de relación con el equipo la han transformado en un mando intermedio incompetente. Su superior jugaba un papel determinante en la decisión. Y es evidente que se equivocó.

La responsabilidad de los directivos no sólo se centra en generar un clima adecuado que fomente el desarrollo de éstos, sino que también alcanza a tomar decisiones, a veces poco gratas, como puede ser el decidir que un colaborador no debe asumir determinadas responsabilidades. Y en el caso de que decida que el colaborador es el adecuado para aceptar nuevos retos, es también responsabilidad del directivo dotarle de las herramientas necesarias para que pueda alcanzar los objetivos de manera eficiente.

Reflexiones y sugerencias

Para que este tipo de promociones internas puedan resultar exitosas, es vital que el responsable conozca en profundidad los puntos fuertes y las áreas de mejora de los miembros de su equipo. Sólo teniendo una imagen clara de las capacidades de cada uno de los colaboradores se podrán adoptar decisiones que conduzcan a los resultados esperados.

En este caso, Daniel, además, optó por ponerla al frente de un proyecto de gran envergadura sin testar previamente la capacidad de

María para desarrollar proyectos y liderar equipos. Esto, sin duda alguna, alimentó la sensación de inseguridad de María y, dado que carecía de los recursos necesarios para hacer frente a la situación, optó por hacer lo que mejor sabía: seguir actuando como si fuese una colaboradora más, en vez de un mando intermedio al frente de un equipo de personas.

Otra cuestión que merece ser mencionada es la actitud del directivo cuando decide coger las riendas del proyecto: llama la atención en concreto el hecho de que diga que se convirtió en su sombra; es decir, en vez de intentar que María tratase de desarrollar su propia capacidad para hacer frente a la situación mediante un proceso de acompañamiento, decidió adoptar el papel de director del proyecto en la sombra.

Este hecho, muy posiblemente, terminó por minar la poca seguridad que a María le podía quedar y, además, contribuyó a que la imagen de esta frente al equipo de colaboradores se deteriorase hasta el punto de que no le reconociesen su autoridad como responsable. Es evidente que en este caso primaban los resultados del proyecto y, por ello, Daniel decide hacerse con el mando de la situación a un precio bastante alto tanto para él como para María. Para él, porque su decisión de poner a María al frente le ha restado credibilidad ante el resto del equipo. Para María, porque la experiencia posiblemente haya supuesto convertir a una colaboradora motivada y competente en una persona desmotivada.

En definitiva, el directivo debe conocer el desempeño de sus colaboradores lo suficiente como para que tenga la certeza de que cualquier nueva función será asumida de manera exitosa sin que ello suponga más desgaste para el resto del equipo. En este caso, el directivo, Daniel, no supo o no quiso ver la falta de aptitudes de María. Tener una buena actitud, como en su caso, no es suficiente para poder garantizar que los nuevos retos podrán ser alcanzados. Si bien es cierto que, por muy buenas aptitudes que se tengan, sin una adecuada actitud lo más probable es que la persona no sea capaz de desarrollar de forma eficiente las nuevas responsabilidades.

Así pues, la fórmula exacta consiste en una mezcla de aptitud y actitud que, dependiendo de la situación, podrá contener más de uno que de otro. La buena noticia es que tanto la aptitud como la actitud pueden desarrollarse y mejorarse y que ninguna de las dos son innatas.

La aptitud o las habilidades pueden desarrollarse mediante la formación y el aprendizaje. En realidad, mejorar una habilidad es sencillo. Es cuestión de estudio, tiempo y práctica. Una de las claves para el desarrollo de las aptitudes es el autoconocimiento; es decir, saber en qué nivel tenemos desarrollada una determinada capacidad, con el fin de saber dónde estamos y a dónde queremos llegar.

La actitud es más compleja de desarrollar, ya que está intrínsecamente relacionada con el aspecto motivacional de las personas. Aun así, es posible modificar los aspectos actitudinales de los colaboradores mediante la búsqueda de qué es lo que les motiva. Para ello conviene tener en cuenta que lo que para una persona es válido, no tiene porqué serlo para otra. Es un error bastante habitual pensar que a todos nos motivan las mismas cosas. Por lo tanto, la exploración de las fuentes de motivación de nuestros colaboradores debe ser personalizada, con el objetivo de buscar palancas de activación adaptadas a cada uno de los miembros del equipo.

2 | El dilema del compromiso
Cuando no es suficiente con hacer bien el trabajo

> «No busquemos solemnes definiciones de la libertad.
> Ella es sólo esto: responsabilidad».
>
> George Bernard Shaw

¿Cómo conviene que gestiones a aquellas personas que realizan bien su trabajo, pero que no conceden ni un minuto de más a la empresa? ¿Cuál es la mejor manera de gestionar al trabajador que no aplica excepciones a la conciliación de su vida profesional y personal? ¿Cuál es el impacto de esa actitud en otros miembros del equipo que trabajan igualmente bien o mejor, y cuyo nivel de compromiso es superior? ¿Puedes contar con ese trabajador para la ejecución de actividades críticas que puedan requerir, en períodos concretos, una disponibilidad superior? ¿Es legítima esta actitud del trabajador? ¿Es justa para la empresa?

Fernando trabajaba en el área de marketing de una multinacional, en una planta con varios miles de trabajadores donde se fabricaban algunos de los productos emblemáticos de la compañía. Por la naturaleza de su trabajo era frecuente que tuviera que colaborar con miembros de otros departamentos en la preparación de lanzamientos de productos para el mercado nacional o internacional. Había dos momentos en que la dedicación se intensificaba: en los días previos al lanzamiento de las primeras órdenes de fabricación y en los previos al comienzo de la vida comercial del producto en el mercado al que iba destinado. Fernando no alteraba su rutina en esos días. Para él era sagrada la hora de finalización de su jornada laboral.

En este capítulo analizaremos las ventajas y desventajas del despido de un empleado de las características de Fernando, así como el impacto que puede suponer en la organización y en el equipo. Asimismo le planteamos al lector que realice un breve ejercicio sobre la motivación y ahondamos sobre el significado de la palabra compromiso y sus implicaciones.

El directivo

Comparando mi equipo con mi ideal de equipo y analizando la distancia que separaba a ambos, llegué a la conclusión de que quería echar a una persona. No me reportaba directamente. Soy muy escrupuloso con el respeto a la jerarquía. Intento siempre no desautorizar a los mandos intermedios para preservar su autoridad ante sus colaboradores. Cualquier acción debería ser llevada a cabo por su superior directo, no por mí. Así que, antes de tomar cualquier decisión, debía compartir mis sentimientos con su superior inmediato antes de iniciar el trámite con Recursos Humanos.

Sin embargo, decido comentarlo primero con mi colega director de Recursos Humanos. Mantengo muy buena relación con él y confío en su criterio.

–¿Por qué quieres despedir a Fernando?

–La razón es muy simple: nunca podré conseguir de él el nivel de compromiso que quiero para todos los miembros de mi equipo. Trabaja bien, en tiempo y calidad. Pero le gusta demasiado soltar el bolígrafo cuando suena la campana e intenta esquivar las complicaciones. En definitiva, es un *bon vivant*.

–¿Y qué tiene eso de malo? Quizá concilia muy bien su vida personal y profesional.

–Fernando tiene todo el derecho del mundo a ser así, es legal y legítimo. Pero no es lo que yo busco. Simplemente eso.

–Daniel, todos tenemos que tratar con personas que no acaban de encajar en nuestro modelo ideal, pero es nuestro deber extraer lo mejor que tengan como trabajadores. Si trabajan bien, no hay problema. Alguien tan interesado como tú en el mundo del liderazgo debería saber esto…

–Sí, lo sé, y por eso estoy aquí hablando contigo, pidiéndote consejo, porque algo chirría en mi interior.

–Habla con él, dile que trabaja bien, pero que esperas algo más.

–No servirá de nada, no voy a cambiar su personalidad. Además, estoy cansado, llevo un año reconduciendo a ciertas personas, tanto aptitudinal como actitudinalmente. Estoy agotado. Fernando es fácilmente sustituible y no me apetece malgastar energías…

–¿Seguro que no ha ocurrido algo más? ¿Qué pasa cuando es la hora de marcharse y surge algún problema?

–Se queda, pero sólo para poner una solución parche que aguante temporalmente hasta el día siguiente. Y después de eso se marcha.

–Daniel, quizá es eso lo que te está molestando, aunque no acabo de ver qué problema hay en ello. Insisto, habla con él o con su superior inmediato.

Eso fue lo que hice: convoqué a su superior y le comenté todo lo que he descrito hasta ahora, aunque obviando mi conversación con Recursos Humanos. Noté cierto nerviosismo en su reacción, lo cual entraba dentro de lo esperado.

–Me dejas de piedra, Daniel.

–Lo sé, yo mismo me sorprendí cuando vi tan claro que necesitábamos despedirlo.

–Piensa en su dedicación destacada en el proyecto X: se quedaba hasta que era necesario, algunos días más allá de las 10 de la noche…

–Sí. Y no es menos cierto que cuando finalizamos te pidió dos días libres como contraprestación. No demuestra compromiso, su forma de entender las relaciones laborales se basan en un cálculo aritmético de tiempo invertido frente al tiempo libre obtenido.

–Sí, tienes razón, Daniel, pero es su carácter.

—Cuando hace unos meses le dimos el teléfono móvil de empresa tuvo un gasto desorbitado el primer mes, a causa de las llamadas personales que realizaba. Le llamamos la atención y conseguimos que al mes siguiente lo rebajara a la mitad. Ahora está bajo control, pero gracias a que le vamos recordando que se controle. Piensa en el impacto negativo de su actitud hacia sus compañeros. Ellos se entregan sin mirar el reloj, absorben lo ingrato como parte de su trabajo, sin utilizar el tiempo y los recursos de la compañía como moneda de cambio. Les estamos desmotivando por falta de equidad.

—Creo que no tienen ese sentimiento negativo hacia Fernando, Daniel. Creo que le están valorando un poco más cada día que pasa porque están viendo un cambio en él. Mira, piensa que nunca vas a conseguir un grado de implicación como el que esperarías de un equipo ideal. Quizá consiguieras ese nivel de excelencia en otros entornos en el pasado, pero aquí hay otra cultura, se trabaja a otro ritmo y de otra manera. Además, no conformaste tú este equipo. Ya estaban aquí cuando llegaste. No es lo mismo heredar un equipo que crearlo de cero.

—Simplemente quería compartir mi sensación contigo –¡mentira! ¡Quería su complicidad para echarle!–. Piénsatelo y hablamos en un par de meses. Medita todo lo que hemos hablado. Ten en cuenta que allí donde él no llegue o no quiera llegar, tendréis que llegar los demás integrantes de tu departamento.

Finalmente el asunto no acabó en despido. Ahora que ha pasado ya bastante tiempo mi sensación es ambivalente. Por una parte, tanto Recursos Humanos como su superior inmediato calmaron mi bestia interior, pero por otra creo que habría sido mejor un futuro sin Fernando, sustituido adecuadamente por alguien con la energía que necesitaba la compañía en aquellos momentos.

Cuando en uno de nuestros colaboradores conviven la falta de compromiso y una ejecución meramente correcta, no es sencillo decidir en base a cuál de esas dos variables le juzgamos. Probablemente dependa del contexto y del momento. Debemos gestionarlo, como una más de las múltiples facetas del rol del líder.

El especialista en gestión de personas

Una de las tareas que menos gusta dentro de la función directiva es la de tomar la decisión de prescindir de un colaborador. Ya sea por motivos claros e inapelables, como puede ser una falta grave de diligencia en el trabajo, o simplemente por la necesidad de buscar un perfil que tenga un mejor desempeño, es una decisión que suele ser difícil de tomar. Y, sobre todo, de comunicar. Esto no es óbice para que recaiga dentro del área de responsabilidad del directivo.

Tradicionalmente se ha tendido a que sea el departamento de Recursos Humanos el que orqueste todo el proceso e, incluso, lo ejecute. Esta forma de operar es bastante sencilla para el mando que toma la decisión. En definitiva se exime de tener que dar explicaciones al colaborador con el que ha estado trabajando durante tiempo.

De hecho, los directivos tienden a esconderse detrás de los Departamentos de Recursos Humanos para justificar decisiones que son tomadas en exclusiva por ellos. Los motivos son varios:

- Dada la tendencia a buscar la afiliación, es decir, la necesidad de entablar relaciones con los demás, tendemos a rehuir las situaciones que pensamos que pueden ser conflictivas o simplemente dolorosas.

- Tomar la decisión de despedir a un colaborador puede ser un signo de una gestión poco adecuada de esa persona por parte de su responsable, aunque no siempre tiene que ser necesariamente así. Los directivos que gestionan personas asumen la responsabilidad de sacar lo mejor de su equipo, con lo que llegar a tomar la decisión de prescindir de uno de ellos puede implicar, de manera indirecta, la falta de habilidad a la hora de extraer todo el potencial de ese colaborador.

- Sentarse delante de un colaborador y decirle que se va a prescindir de él por un determinado motivo implica para el directivo asumir su responsabilidad como gestor y, por lo tanto, comprometerse con su manera de liderar.

- El despido no deja de ser una situación normalmente dura para las dos partes, especialmente para el empleado, ya que abruptamente pierde su estatus. En contraposición a eso, el directivo puede encontrarse con un torrente de emociones, sobre todo negativas, que no todos son capaces de gestionar de manera adecuada.

- En el despido se tiende a buscar culpables y para el empleado el máximo exponente de ello es quien se lo comunica, porque es la persona que pone cara y voz al acto de despido.

A pesar de estos argumentos, el acto de despedir refuerza el liderazgo del directivo que lo hace, siempre y cuando se haga con criterios de justicia, equidad y respetando la honorabilidad de la persona despedida.

Conviene recordar que tan perjudicial puede ser el hacer como el no hacer. Un directivo que asuma la decisión de no despedir a alguien de su equipo, pese a que existan motivos sobrados para ello, puede estar transmitiendo un mensaje de excesiva permisividad y poca exigencia al resto del equipo.

Así pues, en estos equipos es habitual que el nivel de desempeño y eficiencia de los integrantes sea bastante discreto debido a que se toleran comportamientos y actitudes que fomentan la falta de calidad y de diligencia en el trabajo realizado. Es el efecto contagio: cuando en un equipo existen una o varias personas con un desempeño claramente inferior respecto al resto, sin que haya una actitud de enmienda o corrección por parte del líder, es muy probable que el resto de los miembros asuman que esa es la actitud adecuada.

La buena noticia es que ese efecto contagio también funciona en positivo y, si en un equipo la tónica habitual es la calidad y el desempeño excelente, a aquel miembro que no cumpla con las expectativas sólo le quedarán dos alternativas: impregnarse y asumir ese espíritu, o abandonar el equipo, ya que claramente se verá en inferioridad de condiciones.

Reflexiones y sugerencias

Algunas pautas a tener en cuenta a la hora de tomar la decisión de despedir y su posterior comunicación:

- El despido deber verse como el último recurso y no como el camino más corto o fácil para solucionar un problema en un equipo. Antes de tomar la decisión conviene analizar todos los aspectos de manera objetiva. Suele ser habitual que al tomar la decisión de prescindir de alguien no se disponga de toda la información o que esta sea claramente tendenciosa. Es responsabilidad de quien toma la decisión el recabar toda la información posible con el objetivo de tener una visión lo más detallada posible de ese colaborador.

- Si ya se ha tomado la decisión de despedir, conviene que lo haga el superior inmediato del colaborador. Este hecho refuerza la posición de liderazgo del responsable, ya que el resto de colaboradores verán que da la cara y no se esconde tras el departamento de Recursos Humanos o terceras personas.

- El acto de despedir deber ser realizado con tacto y empatía hacia el colaborador que va a salir de la organización, siempre y cuando no haya circunstancias especialmente graves que aconsejen que se haga de forma fulminante (por ejemplo, en caso de mala praxis, robo, hurto, coacciones, amenazas, etc.).

Que se prescinda de la persona no implica que no se le den explicaciones sobre las causas que lo motivaron y, por supuesto, no es la oportunidad para hacer más grande la herida de la persona que es despedida. En estos casos conviene recordar siempre cómo nos gustaría que nos lo comunicasen a nosotros y actuar en consonancia.

Llegados a este punto, voy a pedirle al lector que haga una breve reflexión sobre el compromiso y que responda a estas dos preguntas:

- ¿Cuál es el nivel de compromiso con su empresa en una escala del 1 al 10, donde el 1 significa «nada de compromiso» y el 10 «totalmente comprometido»?

- Y, ¿cuál es el nivel de compromiso con su actividad, pasatiempo o *hobby* favorito, usando la misma escala?

Muy posiblemente los niveles de compromiso de uno y otro serán diferentes. Es probable que el nivel de compromiso para con su empresa sea bajo e, incluso, bastante bajo (por debajo de 5). En cambio, su nivel de compromiso con su pasatiempo o actividad favorita será muy alto.

¿A qué es debido esto? Si tenemos en cuenta que nuestra actividad favorita la elegimos de forma libre y, supuestamente, el puesto de trabajo y la empresa para la que trabajamos, también, ¿cuál es la razón de esa diferencia en el compromiso? Muy posiblemente la diferencia radica en nuestra motivación para llevarla a cabo. Así, solemos estar muy motivados a la hora de dedicar tiempo a nuestra afición favorita, pese a que podamos encontrarnos con inconvenientes para desarrollarla. No necesitamos que nadie nos motive, ya que es algo que hemos elegido y, si alguien tratase de disuadirnos, con bastante seguridad mostraremos una voluntad fuerte para poder realizarla.

En cambio, nuestra motivación laboral se ve influida por muchos aspectos externos que no podemos controlar. No sólo nos influyen las condiciones propias del puesto y la empresa, sino también las personas que nos rodean, con las que trabajamos a diario. Es el Santo Grial de los recursos humanos: lograr el mismo nivel de compromiso y motivación en el trabajo como el que podamos tener en nuestras actividades favoritas. Las empresas afirman que lograr el compromiso de los empleados es uno de sus objetivos estratégicos. Al fin y al cabo, un empleado comprometido con su empresa es una persona motivada, que disfruta con el trabajo y que suele tener unos resultados excelentes.

Sin embargo, el tema del compromiso –o, más bien, la falta de él– es una cuestión que sigue siendo recurrente dentro de los planes de actuación de los departamentos de Recursos Humanos. ¿Por qué? Porque lo habitual es encontrarnos con empleados poco comprometidos. Si analizamos un poco más en detalle la cuestión, podemos detectar varios aspectos que ya de antemano resultan cuanto menos chirriantes.

¿Tenemos claro, los empleados y la empresa, lo que significa el compromiso?

Bajo la etiqueta de compromiso se esconde contenido diverso y cada empresa tiene un concepto diferente de él. De la misma manera sucede con las personas: cada uno de nosotros manejamos una concepción diferente de lo que es compromiso. No quiere decir que uno sea mejor que otro, sino simplemente diferente. Es por ello que una de las primeras actuaciones que hay que realizar es poner en común qué se entiende por compromiso.

En el texto que acabamos de leer, la empresa, o más bien el directivo, entiende por compromiso alargar su jornada de trabajo, siempre y cuando haya necesidad de ello, así como realizar el trabajo con un nivel de calidad por encima del estándar. Muy posiblemente, si preguntásemos al colaborador, diría que está comprometido porque se queda a solucionar los problemas que surgen, incluso fuera de su horario laboral.

¿Manejan el mismo concepto de compromiso? Definitivamente no.

Algo tan sencillo como una etiqueta –el significado del compromiso– suele ser la causa de grandes desavenencias y decisiones erróneas adoptadas por la empresa. De hecho, en el texto se puede observar que incluso Daniel y el director de Recursos Humanos discrepan sobre el concepto de compromiso del empleado en cuestión.

Otro aspecto importante en esta experiencia es qué pasa cuando la decisión de despedir no la ha tomado el superior directo del colaborador sino una instancia superior. En ese caso, al superior directo no le queda otra alternativa que asumir esa decisión, salvo que pueda contraargumentarla y dar motivos suficientes para evitarla. La realidad es que, una vez que un directivo ha tomado la decisión de prescindir de alguien del equipo, es bastante improbable que cambie de opinión. Este tipo de situaciones suelen generar tensiones entre las partes implicadas: el directivo de más alto rango toma la decisión, pero el directivo directo se siente responsable de transmitírselo a su empleado sin estar de acuerdo. El superior que no está de acuerdo con la decisión puede optar por estas dos vías:

- Acatar la decisión, comunicarla e intentar que el trance sea lo menos doloroso para el empleado. Alternativa que es, sin duda alguna, la más recomendable para todos.

- Posicionarse al lado del empleado tratando de desvincularse de la decisión tomada, llegando, incluso, a cuestionarla públicamente. Esta opción es bastante peligrosa ya que, aunque en principio se podría pensar que refuerza el liderazgo del superior al salir impune de la situación, aparecerá como un mero transmisor de noticias con escasa capacidad ejecutiva. En definitiva, su imagen y liderazgo se resentirán frente a sus colaboradores.

Otro asunto que produce, dentro de las empresas, ciertas tensiones es el que haya empleados que observen rigurosamente el horario. Por lo general, las empresas interpretan este hecho como una falta de compromiso. Y pocos son los que consideran que es un tema de conciliación de la vida laboral y profesional. En este punto sería conveniente hacer algunas matizaciones. El hecho de que se cumpla el horario a rajatabla, ¿es un signo de falta de compromiso del empleado? Desde mi punto de vista, depende de las circunstancias que rodean al empleado y la empresa. Si lo habitual es que el horario no se cumpla prácticamente nunca y que el alargamiento de jornada sea la tónica habitual, puede ser debido a varias causas:

- Una cuestión de cultura de empresa: las hay que tienen por norma que la jornada se alargue, porque lo asocian a un signo de productividad. Se puede correr el riesgo de lo que se llama «política de calentamiento de silla», dado que, como los empleados conocen que su jornada real tiene que ser de 9 o 10 horas, alargan su trabajo de forma artificial para llenar esas horas de más.

Por tanto, en realidad la productividad disminuye, porque lo que se podía hacer en una jornada normal de 8 horas se alarga deliberadamente varias horas más. Es decir, se consigue el efecto contrario: hacer lo mismo en más tiempo. Este hecho tiene bastante que ver con la cultura del presentismo, imperante en los países mediterráneos, por la que el desempeño se mide en términos de horas y no de resultados.

- Otra posible razón de que las jornadas laborales se alarguen por costumbre es que la carga de trabajo sea de tal magnitud que sea necesario para poder cumplir con los plazos establecidos. En este caso sería conveniente revisar si esos plazos son realistas o si es necesario reforzar la plantilla en períodos concretos. Un puesto de trabajo con una carga tal que no le permita al ocupante poder desarrollarla en una jornada ordinaria, teniendo en cuenta que esa persona tiene las capacidades y los conocimientos necesarios como para poder desarrollarlo de manera eficiente, puede ser una indicación de que el puesto de trabajo no esté bien definido y sea necesaria una reevaluación.

Una vez hechas estas matizaciones y volviendo a la cuestión inicial, si el empleado cumple a rajatabla su horario sin ser sensible a que en determinados momentos y por razones organizativas es necesario alargar su jornada, desde mi punto de vista es una clara falta de compromiso. El hecho de que queramos conciliar nuestra vida laboral con la personal es una necesidad, tanto para la empresa como para el empleado. Ahora bien, es normal que surjan imprevistos y situaciones no controlables que son las que, en momentos muy concretos, harán necesario alargar la jornada. El hecho de no dar cobertura a esos imprevistos, siempre y cuando se den de forma puntual y no como algo habitual, es un claro signo de falta de diligencia en el trabajo que nada tiene que ver con la conciliación familiar.

El compromiso, ¿se genera o se viene con él puesto de casa? Al igual que la motivación, hay personas que tienen por costumbre venir con el compromiso puesto de casa y hay otras que necesitan de estímulos para poder generárselo. Los empleados cuyos niveles de compromiso sean altos y no necesiten de grandes estímulos externos para mantenerlo, serán colaboradores altamente motivados y con un nivel de autoexigencia elevado. Esto también significa que les costará más perderlo.

En cambio, aquellos empleados que necesitan de estímulos externos para sentirse motivados y comprometidos requerirán de un seguimiento continuo, ya que es probable que se sientan defraudados si la empresa no cumple sus expectativas.

¿Cómo puede generarse compromiso en los empleados? Como tantas otras cuestiones relacionadas con la gestión de personas, no hay recetas únicas ni infalibles, sino algunas pautas que suelen funcionar:

- Asumir que lo que funciona en una persona no tiene necesariamente que funcionar en otra es lo más importante. Es decir, conviene tener en cuenta que a los empleados hay que tratarlos de manera diferente y conocer sus expectativas y objetivos. Las políticas tendentes al café para todos suelen ser desmotivantes a medio y largo plazo y, lejos de generar compromiso, incrementan la falta de vinculación con la empresa.

- Facilitar la comunicación tanto ascendente como descendente suele ser muy útil para generar compromiso. No hay nada que pueda resultar más dañino que la sensación de oscurantismo y ocultamiento dentro de la empresa.

- Establecer programas de desarrollo profesional: los empleados necesitan nuevos retos y motivaciones que les ayuden a sentirse realizados.

- Los directivos necesitan conocer a su equipo y que este le conozca a él, por lo que un estilo de liderazgo participativo ayudará a generar compromiso. Y es justamente en este estilo de liderazgo donde la retroalimentación alcanza su razón de ser, tanto la de reconocimiento como la de mejora.

Si tenemos en cuenta que entre los beneficios de tener empleados comprometidos está el incremento de la productividad, mejora del clima laboral y del grado de satisfacción de los clientes, parece claro que el esfuerzo que puede suponer para los líderes y directivos queda compensado con creces.

Si parece tan fácil, ¿por qué será que nos cuesta tanto comprometernos y generar compromiso?

3 | El dilema de la autoridad
Cuando no se reconoce la autoridad de un superior

«La crítica convertida en sistema es la negación del conocimiento y de la verdadera estimación de las cosas».

Henri Frédéric Amiel

¿Cómo reaccionas ante el no reconocimiento de tu autoridad? ¿Te conoces lo suficiente como para encontrar los motivos que se ocultan tras ese hecho? ¿Has tenido que intervenir alguna vez para exigir respeto profesional hacia ti o hacia otra persona? ¿Cómo te sientes cuando tu autoridad se cuestiona? ¿Cómo lo gestionas? ¿Qué perfil tiene la persona que te cuestiona? ¿Es sano que ocurran este tipo de cosas? ¿Dicen más sobre el cuestionado o sobre el cuestionador?

Laura era responsable del área de Tecnología en una de las sedes de su empresa, multinacional afincada en España desde hacía un par de décadas y con buena imagen de marca entre su sector y los consumidores. Gestionaba un equipo de unas 20 personas y, a su vez, reportaba a Daniel. Este pudo comprobar en diversas ocasiones cómo la autoridad de Laura era menospreciada abiertamente por un miembro de su propio equipo. La situación la sobrepasaba y Daniel decidió intervenir.

En este capítulo hablaremos de las dificultades que puede encontrar un mando intermedio que sustituye a otro, en un equipo de trabajo que ya funcionaba razonablemente bien antes de su llegada. Analizaremos cómo tratar de evitar las posibles comparaciones con la persona que antes ocupaba esa posición así como aquellos estilos de liderazgo más adecuados en función de las características del equipo.

El directivo

Laura acumulaba un año y medio de antigüedad en mi departamento y me reportaba directamente. Se le dio la responsabilidad de gestionar a un equipo que podríamos calificar de complejo: alta antigüedad en la empresa (de 10 a 20 años), poco motivados, acostumbrados a un jefe directo (el antecesor de Laura) con buenos conocimientos técnicos y con un carácter muy emprendedor y fuerte. Se suma a esto que eran personas poco acostumbradas a expresar sus opiniones porque en el pasado se movían en un entorno general autoritario, no propiciado por el antecesor de Laura sino por el estilo de liderazgo que imperaba hasta hacía bien poco en la empresa.

Laura tiene un perfil diferente a su antecesor. Su carácter es más suave y conciliador y su especialidad es la gestión. No dispone de amplios conocimientos técnicos, así que necesita apoyarse mucho en su equipo. Pero no consigue que le reconozcan su autoridad ni tampoco la respetan profesionalmente. Están acostumbrados a un jefe todoterreno y Laura ni lo es ni tampoco se le requiere que lo sea.

En cuanto al contexto económico-financiero, la compañía estaba pasando por una de sus peores etapas y el ánimo general lo acusaba. El clima laboral estaba afectado inexorablemente por esta situación.

Nos metemos en una sala Laura y yo para hacer la evaluación anual de su desempeño. Tratamos primero varios temas operacionales, todos ellos con resultado satisfactorio y la felicito por ello. Entonces abordo el asunto de su liderazgo que, dada la complejidad emocional de su equipo, tiene un peso específico importante. Le pido que explique su visión sobre cómo han ido las cosas este año con la gestión de su equipo:

—Creo que he cometido algunos errores, así que no puedo considerarme plenamente satisfecha. No puedo valorarme al alza. Me merezco una calificación baja.

—Dime, Laura, ¿cómo ves a tu equipo en relación con el año anterior?

—No ha habido muchos avances, sinceramente. He encontrado muchas resistencias y quizá no las he gestionado con demasiada habilidad.

—¿Hasta qué punto crees que han sido resistencias a tu persona y dónde comienza y acaba tu responsabilidad en ello?

—No acabo de conectar con todos, pero el sistema general de desaliento en la compañía tampoco ayuda.

—Comprendo, Laura. Sin embargo, no les he visto acompañándote en las reuniones de los proyectos importantes, tan sólo te he visto a ti.

—Sabes que he intentado involucrarles, pero ellos siempre me decían que si iban a esta o aquella reunión no podrían acabar lo que tenían entre manos a tiempo, así que les cubrí.

—Pues no parece que hayan agradecido demasiado ese gesto…

—Sí, cierto. Pero es mi responsabilidad que los proyectos acaben a su tiempo.

—Cierto, Laura. Pero muchos proyectos pueden permitirse una cierta tolerancia en tiempos. No son todos igualmente importantes. Fíjate que en los importantes tú has sido la cara visible y no has dado visibilidad ni exposición a los miembros de tu equipo. Se han quedado en galeras, alimentándose de las migajas que les dejabas, si me permites el símil.

—Pero, entonces, ¿dónde está el equilibrio? ¿Qué me sugieres que haga?

—Creo que no es un asunto de equilibrios. Por una parte, la desmotivación hace que no quieran involucrarse en temas nuevos. No buscan implicación, ni la quieren, porque no están ilusionados por lo que hacen. Prefieren parapetarse en el trabajo que les va cayendo, sin más complicaciones. Eso les facilita transitar con relativa comodidad. Por otra parte, creo que a ti ya te va bien que no quieran visibilidad.

—¿Qué quieres decir con eso? —replica Laura con semblante de sorpresa.

—Pues que eso te permite demostrarles —y demostrarte— que, a pesar de tus limitados conocimientos técnicos, eres capaz de sobrevivir con autonomía. Padeces el síndrome de Superman. Él no necesita a nadie para superar los obstáculos y es invulnerable. Pero es un alienígena y eso le separa del resto. Y, peor todavía, ellos saben que tú sola no puedes hacer aportaciones técnicas de valor. Por tanto, más que a Superman, a quien ven es a una niña disfrazada de Superman. La diferencia es importante.

—Y patética...

—Laura, te propongo que visualices la siguiente situación hipotética: estás en una reunión con el área de Finanzas; has pedido a la persona de tu equipo que más sabe de finanzas que te acompañe; en la reunión ponen encima de la mesa una propuesta ante la que ese miembro de tu equipo expone un conflicto de intereses entre las necesidades del área financiera y las vuestras; tú entiendes bien la situación, y también la parte de razón que contienen los argumentos de ambas partes; por tanto, actúas de catalizador de una solución que minimice los perjuicios para ambas partes, maximizando los beneficios; y conseguís encontrar esa solución alternativa. Fíjate que habrás demostrado ante tu equipo que dispones del liderazgo suficiente para buscar la mejor solución para la compañía. Fíjate que, sin disponer de conocimientos técnicos, habrás articulado una buena solución. ¿Lo ves? ¡Ese es tu rol! Porque liderar no es mandar ni saber más que tu equipo. Liderar es servir a los intereses de la compañía, por encima de los intereses particulares de cada departamento o persona. Es probable que tu equipo hubiera esperado de ti una defensa a ultranza de sus intereses. Pero eso no habría sido responsable y, aunque no te lo manifiesten, lo saben. ¡Créete tu propio valor! Con tu actitud de no involucrarles en los proyectos importantes les estás trasladando un mensaje muy concreto: que quieres competir con ellos. Te estarás equivocando porque nunca podrás competir con ellos. Y, además, no es lo que se espera de ti. Trabaja en tu terreno, no en el de los otros. Demuéstrales que tu papel no es ser un clon de ellos, sino servirles y servir a los intereses de la compañía. Sólo entonces te valorarán por tu rol, porque les habrás dejado claro cuál es. En esta etapa necesitas desplegar y mostrar tus fortalezas (tu visión de negocio), aquello que sabes hacer bien. No es el momento de mejorar tus debilidades (tus conocimientos técnicos).

–Reflexionaré sobre ello. ¿Y la motivación de mi equipo? –me preguntó con semblante apesadumbrado–. No sé qué más hacer... ¿cómo la consigo?

–En gran parte son vasos comunicantes: cuando abandones el disfraz de Superman, seguro que verás una mejora en el clima.

–Eso espero, porque la situación empieza a desbordarse y a desbordarme.

Recordé que, durante el proceso de selección de Laura, desde Recursos Humanos me desaconsejaron su contratación. Consideraban que no era el perfil que el departamento necesitaba. Argumentaban que iba a tener dificultades en gestionar el equipo. Se necesitaba una persona con un carácter más fuerte, que pudiera ejercer un rol autoritario cuando se requiriese, ya que, con toda seguridad, los miembros del equipo con más conocimiento transversal de la compañía no se lo iban a poner nada fácil y torpedearían sus decisiones cuando no estuvieran de acuerdo. Laura representaba la política y ellos la técnica. La política determina la estrategia; la técnica, los procesos. Y, cuando la estrategia obliga a cambiar los procesos, los técnicos deben salir de su zona de confort y diseñar soluciones a las que no se han enfrentado nunca. Automáticamente surgen las resistencias y una inadecuada gestión de ellas hará que la estrategia no pueda implantarse. Recursos Humanos pensaba que Laura no las sabría gestionar. Yo continuaba intercediendo a su favor y argumenté que Laura podría hacer frente a la situación con mi acompañamiento. No iba a estar sola. Y, además, la necesitaba sobre todo para la gestión de lo cotidiano, no para la gestión de los conflictos que excepcionalmente surgieran. Al final me autorizaron a contratarla. «Nosotros estamos aquí para aconsejarte, pero la decisión es tuya y las consecuencias también, Daniel», me dijeron desde Recursos Humanos. Transcurrido el tiempo, tengo que reconocer que tenían razón y que yo me equivoqué. Lo excepcional (los desafíos del equipo a Laura) se convirtió en lo cotidiano. No calculé bien que tal cosa se produciría. Y Laura se vio desbordada, reconociéndose incapaz de gestionar ese entorno.

Proseguimos con la sesión de evaluación:

—Laura, hay otro asunto relacionado con tu liderazgo que me gustaría abordar. ¿Recuerdas la reunión que mantuvimos con los miembros de tu equipo hace dos semanas? Cuéntame, ¿cómo la viviste?

—Fue muy dura. Siento que tuvieras que poner paz. No sé cómo hacerlo para gestionar a Pedro. Hay momentos en que me marcharía para no tener que aguantar su tono y sus impertinencias. Es excelente en la vertiente técnica de su trabajo, pero no sé qué hacer con él como persona, ni entiendo qué busca, ni qué quiere, ni cómo contentarlo.

—Creo que has dado en el clavo: ¿cómo contentarlo? Pedro te rechaza, no te reconoce como líder ni como jefa, ni como superior directo, ni de ninguna otra forma con que te quieras calificar. Haces demasiadas cosas para contentarlo, pero ahí no radica la solución. Primero te tienes que contentar a ti misma. No puedes bailar al paso que marca cada miembro de tu equipo. Quiérete un poquito más. Saca ese yo que tienes dentro, dale protagonismo y que te sirva de guía. Eres una profesional con unas cualidades muy destacadas. No tienes que contentar a nadie. Y menos a quien nunca te lo valorará ni te lo reconocerá. Los seres humanos vemos a los demás a través de los filtros de nuestras creencias y prejuicios. Dicho de otra forma, cualquier cosa que hagas o digas, Pedro la interpretará desde su percepción sesgada de la realidad, confirmándole en sus prejuicios. Por tanto, no te esfuerces en ser otra. Sé tú misma. Ya sé que tiene un cierto sabor a filosofía zen esto que te estoy diciendo, y ya sé que los misticismos no te van, y sabes que a mí tampoco. Pero tómalo como una posible vía de salvación y te invito a que la pongas en práctica.

–No sé, estoy confundida. Sabía que la situación se estaba poniendo complicada, pero lo que me pides está en un plano diferente de lo que yo imaginaba que tenía que hacer. Tengo que hacer un ejercicio personal profundo para cambiar. Cuando Pedro se rebeló contra mí de malas formas, negándose a acatar mi decisión, me sentí muy humillada. Te agradezco que le recordaras públicamente que soy su superior directo y que, como tal, merezco un respeto y que mis decisiones deben o bien acatarse o bien discutirse con respeto también.

–No me sentí nada cómodo yo tampoco, Laura. ¿Ves de qué te ha servido tu intento de contentarle? Sobre el contentar en entornos laborales podríamos hablar largo y tendido. ¡Cuántas veces habré metido la pata por no tenerlo claro yo tampoco! Creo que voy mejorando cada día, pero al cocinar el guiso siempre hay algún ingrediente que, por incluirse a destiempo o en cantidades equivocadas, hace que el plato no siempre sepa igual. Por si te ayuda, recuerda que no estamos aquí para cubrir los caprichos o las obsesiones de cada cual, sino para cubrir sus necesidades. Es como con los hijos: no les damos todo lo que nos piden porque les estaríamos educando en un marco sin límites ni referentes. Cuando educas eres tú misma. ¡Lidera como educas! Suele funcionar bastante bien. Te invito a un baile en pareja –Laura me mira extrañada–. Ja, ja, no, no vas a bailar conmigo. Vas a bailar contigo. Baila, baila, baila… contigo misma. Y cuando te pises y te sientas mal significará que no estás bailando para ti, que estás bailando con otro y para otro. Baila contigo y con tus sentimientos, con tus percepciones, con tu visión de las cosas. Déjate llevar, sé tú.

Fue un proceso lento, pero finalmente Laura consiguió mejorar el clima en su equipo y que la reconocieran y respetaran. No fue el caso de Pedro, con quien tuvo que llegarse a un acuerdo para abandonar el equipo.

El especialista en gestión de personas

Una de las cuestiones más complicadas con las que se puede encontrar uno en la empresa es sustituir a otra persona en una misma posición. La comparativa con la anterior persona es inevitable y, salvo que esta haya realizado una labor pésima como gestor de equipos, lo general es que el equipo se rebele de alguna manera frente al recién llegado.

Si a esto le sumamos una serie de condiciones, como las de este caso, equipo con mucha antigüedad y acostumbrados a un estilo de dirección autoritario, la dificultad para hacerse con el nuevo responsable puede llegar a hacerse muy cuesta arriba.

Un equipo, como el de este caso, se caracteriza por una serie de aspectos:

—Son trabajadores con grandes conocimientos técnicos, con lo que es difícil que acepten de forma natural a un jefe que no les supere en el área técnica.

—Llevan mucho tiempo trabajando en la misma empresa, por lo cual conocen bastante a fondo todos los procesos y, por ese motivo, suelen ser personas con grandes resistencias a los cambios.

—El hecho de que el estilo de dirección predominante en la compañía sea el autoritario supone que los colaboradores estén muy centrados en las tareas y no tanto en la interacción personal. El estilo de dirección autoritario se caracteriza por poner el foco en los resultados y las tareas y no tanto en el desarrollo y la gestión de las personas.

—Son trabajadores acostumbrados a obedecer y con poca capacidad para la iniciativa y la proactividad, con lo que cualquier movimiento dirigido en ese sentido será visto como un intento de desalojarlos de su zona de confort. La zona de confort hace referencia a aquella que todos tenemos y en la que nos encontramos cómodos. Sin embargo, las personas realizamos cambios y, por lo tanto, nos desarrollamos cuando salimos de esa zona; es decir, cuando nos movemos a nuestra zona desconocida.

–Y, por último, y no por ello menos importante, está la cuestión de que el jefe recién llegado es mujer y eso puede provocar cierta incomodidad en algunos equipos, en especial en entornos industriales.

Así pues Laura se encontró con un equipo dotado de estas características, que no supo gestionar de forma adecuada.

Reflexiones y sugerencias

En este tipo de situaciones, el jefe recién incorporado puede optar por tomar uno de estos caminos:

- Hacer valer su estilo de dirección, que suele ser completamente opuesto al de la persona sustituida, con el consiguiente desagrado del equipo.

- Contemporizar con el equipo, sobre todo en los primeros meses, tratando de ganarse su confianza con el objetivo de permitirle desplegar su propia visión de la gestión una vez que los colaboradores le han aceptado.

- Continuar el mismo estilo de su predecesor, lo que suele garantizar la estabilidad dentro del equipo pero supone un freno a la iniciativa del mismo.

En este caso Laura optó por la segunda alternativa: trató de ganarse la confianza de su equipo con concesiones que fueron minando su propia autoestima y su autoridad como responsable del mismo.

¿Qué puede hacer que un responsable opte por este tipo de actitud frente a un equipo?

- Una posible causa puede ser la falta de seguridad y confianza. No todos los mandos intermedios están preparados para realizar funciones de dirección en equipos. Es habitual que una persona haya ido ascendiendo profesionalmente gracias a sus logros y que en un momento dado de su carrera profesional se vea al frente de un equipo de colaboradores. No todo el mundo está preparado para dirigir equipos y es ahí donde es fundamental la formación para poder dotar a las personas de las herramientas necesarias.

- Otra posible causa, conectada con la anterior, es que la persona no sepa dirigir equipos de manera diferente. Las personas tenemos una serie de habilidades que pueden ser algunas innatas y otras desarrolladas: Si la persona no dispone de las herramientas necesarias, replicará aquellas conductas que le han funcionado en el pasado, aunque no le haya dado todos los resultados esperados. Las personas hacemos lo que sabemos con las herramientas de las que disponemos en cada momento.

- Una tercera causa puede tener que ver con la necesidad de afiliación de Laura. Las personas buscamos y necesitamos sentirnos aceptados por el resto y especialmente por el grupo. En primer lugar, esta estrategia de tratar de complacer a todos los miembros del equipo le puede haber dado algún buen resultado a Laura. Sin embargo, y con el tiempo, se terminó volviendo en su contra ya que no fue capaz de modificar su conducta cuando comprobó que los colaboradores no respondían como ella esperaba. Cuando un responsable se hace con el mando de un equipo con las dificultades que este tenía, la tentación de satisfacer a todos para ganarse la confianza es grande.

Posiblemente una de las cuestiones que podrían haber ayudado a Laura en esta tarea es la de haber podido disponer de toda la información necesaria relativa al equipo. Si la decisión de sustituir al responsable anterior fue tomada con el suficiente tiempo y planificada, lo lógico es que a Laura se la hubiese puesto en antecedentes de lo que se iba a encontrar. Este hecho posiblemente le habría podido ayudar a realizar un análisis más completo de la situación así como de tratar de prever las posibles dificultades con las que se iba a encontrar. Sin embargo, esto es algo bastante habitual en las empresas. La sustitución de un mando intermedio por otro se hace sin ninguna planificación y, por supuesto, sin disponer de toda la información sobre el equipo para que la transición se realice de la manera más suave posible. Muchas empresas no son conscientes de los inconvenientes que esto supone, ya que es habitual que el desempeño del equipo se vea mermado debido a la dificultad de acoplamiento con el nuevo responsable. Y gran parte de esa responsabilidad recae en la persona que decide quién será el nuevo jefe del equipo. Su responsabilidad no sólo acaba en la elección de la persona más adecuada, tarea que por otra parte debe hacerse de forma conjunta con el departamento de Recursos Humanos, sino que se extiende a la necesidad de que pongan todos los medios y los recursos necesarios al servicio de la persona recién llegada al equipo, con el fin de que pueda ganarse la autoridad y el respeto de este. Para ello es fundamental que la persona que toma la decisión de quién dirigirá el equipo realice una tarea de seguimiento de su evolución con la llegada del mando intermedio. Tarea que, por otro lado, no se ha llevado a cabo en este caso concreto.

Esto es algo bastante común: pensar que las personas que llegan a un equipo nuevo no necesitan ayuda para poder hacerse con las riendas del mismo. Si bien es cierto que hay personas que no la necesitan, la realidad es que son bastante pocas. Y aunque así fuese, el apoyo y el respaldo de las primeras semanas son vitales para que el equipo reconozca la autoridad del nuevo jefe.

Otra de las cuestiones que también ocurre con frecuencia es abordar las situaciones cuando ya han llegado a la categoría de problema, como en este caso. Hoy por hoy seguimos esperando a que las personas resuelvan por sí mismas las dificultades con las que se encuentran a la llegada de una nueva posición, pese a que se conozca de forma clara que habrá obstáculos y serán bastante importantes. En este caso, el responsable de Laura decide esperar a la reunión de evaluación del desempeño para abordar con ella el asunto de su liderazgo. Es evidente que es una cuestión que apareció con anterioridad y cuya importancia hubiese requerido que se hubiese tratado mucho antes. Así pues, cuando se aborda, es normal que la situación esté muy deteriorada y que la autoestima y la motivación de todos los miembros esté afectada.

Es muy probable que, en este caso concreto, Laura hubiese necesitado de la ayuda de su superior directo desde el primer momento para poder hacerse con el mando del equipo, así como haber realizado una puesta en común de la situación de cada uno de ellos. De esta manera probablemente se hubiese podido detectar de forma bastante temprana la dificultad de integración de Pedro con Laura y, por lo tanto, se habría podido articular una solución antes de que la relación llegase a ser insostenible.

El hecho de que uno de los miembros del equipo se enfrente como lo hizo Pedro con Laura puede tener un efecto muy negativo sobre el resto de los miembros del equipo ya que se corre el riesgo de que los demás compañeros vean a Laura desprovista de cualquier autoridad y a merced de los comentarios de uno de ellos.

Y, una vez llegados a este punto, ya sólo queda plantear la salida de esa persona, como sucedió, con la consiguiente pérdida de conocimientos y de experiencia que podría haber aportado al equipo.

Segunda Parte
Gestión del conflicto

4 | El dilema de los intocables
Cómo actuar cuando un buen desempeño va acompañado de una mala actitud

«Hay personas que comienzan a hablar un momento antes de haber pensado».

Jean de la Bruyère

¿Qué ocurre cuando el buen desempeño va acompañado de una mala actitud? ¿Cómo lidiar con excelentes empleados de perfil técnico que muestran pocas habilidades relacionales? ¿Cómo te conviene gestionar las faltas de respeto de un empleado de alto desempeño hacia otros miembros de la organización? ¿Debes despedirlo inmediatamente? ¿Y, si no con inmediatez, cuándo y en función de qué? ¿O quizá debes mantenerlo a toda costa, haciendo malabarismos con él y con la organización, primando que la compañía no pierda el gran capital de conocimiento que esa persona atesora?

La experiencia relatada en este capítulo nos enfrenta a esas disyuntivas. Rodrigo trabaja en el departamento de Nuevos Proyectos en una de las filiales más grandes y estratégicas de una multinacional muy conocida en su sector, con presencia en todo el mundo. Probablemente sea la persona con más visión transversal de la compañía. Sus labores como consultor interno desarrolladas durante muchos años, sumadas a su brillantez intelectual, le han permitido disponer de un conocimiento muy rico sobre los procesos de la empresa. Sin embargo, como si se tratara de un perverso mecanismo de compensación, su alta capacidad intelectual queda eclipsada por su baja inteligencia emocional. Es un generador de conflictos nato. No es infrecuente que pierda los nervios, llegando incluso al insulto.

En el análisis del caso de Rodrigo analizaremos las posibles consecuencias que tiene para una organización la existencia de un grupo de empleados que suelen ser denominados «vacas sagradas». Personas que aparentemente son intocables para la organización y cuya actitud y compromiso no son siempre los más adecuados. Cómo reconducir actitudes y conductas de empleados que pueden ser tóxicos cuando la empresa no quiere desprenderse de ellos debido a su valía profesional. Pautas para planificar y llevar a cabo reuniones con colaboradores en las que tengan que tratarse temas personales y espinosos relacionados con el cambio de actitud.

El directivo

Rodrigo acumula tras de sí una antigüedad de más de 20 años en la compañía y gran conocimiento de los procesos de negocio. A ello se suma una destacada proactividad, responsabilidad, involucración y ganas de trabajar. Todo un ejemplo desde la perspectiva del compromiso ante el trabajo.

Pero le pierde su fuerte carácter. Todos sus méritos quedan eclipsados por sus repentinas y verbalmente agresivas explosiones de mal humor.

Ya tuve hace aproximadamente un año una conversación con él, en la que le dejé muy claro que me gustaría retenerle en el departamento, pero que me lo ponía muy difícil si persistía en su mala conducta. Y, si fuera necesario, estaba dispuesto incluso a despedirle. Así de claro se lo expuse.

Pues bien, pasado todo este tiempo, con mucha contención por su parte –cosa que le he agradecido abiertamente en más de una ocasión–, ahora vuelve a las andadas. El detonante podría estar relacionado con un aumento en su carga de trabajo en las últimas semanas. En menos de quince días ha dinamitado varias reuniones con su conducta despectiva y su falta de respeto. He intentado reconducirlo de forma informal, con comentarios de pasillo, alusiones a las escenitas que ha estado provocando, pero ha entrado en una espiral de negatividad. Ha llegado el momento de tratar el asunto con más autoridad.

Le he reunido a las 12.00 en una sala en la que la privacidad está garantizada.

–Rodrigo, quiero hablar de dos temas: de tu carga de trabajo y de tu comportamiento en las últimas semanas. Me da la impresión de que últimamente tienes más trabajo del que puedes abarcar, y eso te está afectando.

–Sí, el maldito proyecto X me está absorbiendo demasiado. Cuando pienso que ya he encontrado la forma de abordar un problema, surge otro que me obliga a volver a empezar.

–Sí, conozco las dificultades con las que te estás encontrando. Te agradezco sinceramente el apoyo que le estás dando a este asunto. Es muy importante para que cumplamos satisfactoriamente con los requerimientos de la auditoría financiera. Pero te está afectando personalmente y tenemos que reconducirlo.

–Efectivamente, Daniel. Me está afectando a nivel personal. Tengo la sensación de que soy el único que tira del carro, y eso me pesa mucho. A veces me siento sin fuerzas y desmotivado.

–Lo sé. Supongo que por eso has tenido esos estallidos de mal humor últimamente.

–¿Qué estallidos? No soy consciente de ello –replica Rodrigo con semblante agresivo.

–¿Recuerdas la reunión de hace una semana con Marta y Raúl? Los trataste de tontos, y a mí también, por no entender el argumento que estabas dando. Quizá seamos tontos, pero también cabe la posibilidad de que el asunto sea complejo y tú no te esfuerces en hacerte comprender.

–Daniel, ya te advertí que no quería ir a esa reunión y me sentí obligado por tu insistencia.

–Lo siento, Rodrigo. No puedes culparme de tu conducta malhumorada y poco respetuosa. Sólo tú decides tus reacciones, nadie más que tú. Podías haber decidido gestionarlo con cortesía, pero decidiste no hacerlo. Tú eres el único responsable de tus acciones.

–Perdona que te diga –contesta Rodrigo perdiendo los estribos–, pero eso son sermones de psicología barata, Daniel. Se lo merecían. Marta es una vaga que quiere que el trabajo se lo hagan los demás y yo por ahí no paso.

–Será psicología barata, pero también pudiera ser que no te guste que te sitúen ante el espejo. Podrías haber transmitido el mismo mensaje, pero asertivamente y con respeto. Déjame que te ponga otro ejemplo: el otro día vociferaste llamando incompetente a Fernando. Afortunadamente él no estaba presente. ¿Eres consciente del mal clima que creas? ¿Te has fijado que después de tus exabruptos se crea un silencio gélido?

–Es que Fernando es un incompetente. A las cosas, por su nombre. ¿Acaso no es un incompetente? –Rodrigo cada vez más fuera de sí–. No me j****, Daniel. Tan sólo te importa que pongamos cara de felicidad, de buen rollo, que el buen clima predomine... pero del fondo de los asuntos te despreocupas. Ya que tú no me quitas de encima a toda esa panda de incompetentes que circula por aquí, me tengo que buscar la vida y hacerlo a mi manera. Dices que soy muy proactivo y bla bla bla, sabes dar jabón, pero conmigo no te funciona. Tendrás que elegir: soy un pack completo. Si quieres mi compromiso, tendrás que aceptar mi mal humor. Lo siento, así son las cosas. Si quieres un ambiente bucólico y pastoril, entonces tendré que bajar mi nivel de involucración. Tú eliges.

Reconozco que, después del órdago lanzado por Rodrigo, mi cerebro reptiliano me pedía enviarle a tomar viento y gestionar su despido inmediatamente con Recursos Humanos. Pero la templanza es una de las virtudes que conviene practicar con asiduidad y convertir en hábito. Las decisiones testiculares son cortoplacistas, no acostumbran a producir buenos resultados en el medio plazo. Decidí gestionarlo con calma.

—Tu conducta sólo va a traerte problemas a ti como persona y a mí como responsable del departamento. Y eso no estoy dispuesto a tolerarlo. Rodrigo, si me obligas, te tendré que abrir un expediente disciplinario.

—¿Me estás amenazando? —replicó más agresivo, con ademán de levantarse e irse—. ¡Por ahí no paso! ¡No tolero amenazas de nadie, échame a la p*** calle si quieres, ahora mismo! ¡Esto es intolerable! ¡No tengo por qué quedarme aquí a aguantar esto!

—Rodrigo, hazme el favor, siéntate y tratemos esto civilizadamente. Tan sólo te pido que no me obligues a tomar una decisión de ese calibre. Sabes que eres un gran profesional. Pero lo estropeas con tus maneras. Quiero ayudarte.

—¿Ayudarme? ¿Y pretendes que te crea? ¡Pero si pasas de todo!

En ese momento me vi retratado por sus palabras. Rodrigo había dado en el clavo. Desde hacía meses mi motivación era muy baja y sí, eludía conscientemente el afrontar algunos problemas que requerían un desgaste emocional elevado. Yo había perdido la ilusión, la pasión, ya no me levantaba por las mañanas con las ganas de antaño. Jamás me había ocurrido algo así. Antes era una fuente inagotable de energía, de responsabilidad, de compromiso. Quien no tiene ilusión no puede transmitirla. Y mi equipo lo padecía. Es imposible no comunicar: la alegría se contagia, pero la depresión también. Cada vez me apartaba más y más de mi aspiración de ser un buen líder... Últimamente me comportaba, objetivamente, como un mal jefe.

Quise aprovechar esta oportunidad con Rodrigo para explorar cuánto de mi estado anímico estaba quedando al descubierto.

—Rodrigo, ¿me puedes dar un ejemplo de mi pasotismo?

Afortunadamente sacó a colación dos temas sobre los que pude dar debida argumentación de mi actitud, donde el problema no era una falta de involucración y compromiso por mi parte sino una mala gestión comunicativa, debido a la cual Rodrigo había tenido la sensación de que me había desentendido. Pero si Rodrigo percibía, acertadamente, que mi motivación era muy baja, iba a seguir pensándolo a pesar de mis argumentaciones. Además, él era un sombrero negro, según la categorización de Edward de Bono, con un grado de pureza bastante alto, de tal forma que tenía una acusada tendencia a percibir tan sólo lo negativo de su entorno.

—Daniel, ya que estamos poniendo todas las cartas sobre la mesa, déjame decirte que me solivianta que en las reuniones de departamento gastes bromas y busques el famoso buen clima. ¡Con la de problemas que tenemos nosotros y la organización! No comprendo tu frivolidad. Y me enerva que, cuando hay un incidente importante, permanezcas tranquilo, sin inquietarte, como si te diera igual.

—Déjame decirte, Rodrigo, que el hecho de que haya problemas no es incompatible con intentar que la gente trabaje en un ambiente agradable. En cuanto a mi tranquilidad natural, qué quieres que te diga... Considero que es mucho mejor este comportamiento que, por el contrario, alterarme y poner nerviosa a la gente innecesariamente, generándoles un estrés improductivo.

Rodrigo guardó un silencio valorativo...

—Ok, quizá tengas razón.

—Bueno, Rodrigo, sigamos. ¿Dónde lo habíamos dejado?

—Querías ayudarme.

—Necesito dos cosas de ti, Rodrigo: primero, quiero que hagas un ejercicio de autocrítica sobre tu comportamiento cuando salgas de esta sala; segundo, que cada vez que estés enfrascado en un problema, no envíes a tomar viento a quien te venga con otro problema, sino que me lo envíes a mí. Yo gestionaré y negociaré las prioridades con quien sea necesario. Es la acumulación de trabajo la que detona tus estallidos. Pero tú eres el único responsable de permitir que estalles, recuérdalo. Resumiendo: mis deberes serán la gestión de tus prioridades; los tuyos serán vislumbrar dónde está la línea que separa una actitud firme y asertiva de la falta de respeto. Y no la traspases, por favor, por tu bien y por el de todos.

Rodrigo y yo salimos finalmente de la sala con la sensación de haber cerrado bien este conflicto... Aunque, con una bomba de relojería emocional como él, nunca tienes la certeza absoluta.

La próxima vez que vuelva a reincidir le abriré un expediente disciplinario sin más dilación ni explicación. Con serenidad, pero con determinación absoluta.

El especialista en gestión de personas

El sueño de cualquier directivo es poder disponer en su equipo, de forma generalizada, de un perfil muy determinado: a saber, personas altamente comprometidas con la empresa, que tengan vínculos afectivos positivos con el resto del equipo, buenos compañeros y generadores de buen clima laboral. Sin embargo, este tipo de perfiles escasea bastante dentro de la realidad empresarial y lo más habitual es encontrar alguna de estas características en los colaboradores, pero no todas. Ahí es donde entra en juego la capacidad del directivo de detectar las áreas de mejora del colaborador y proponerle que las trabaje para que pueda alcanzar un alto nivel de desempeño.

Ahora bien, no todo depende del directivo. También tiene mucho que decir la motivación, o desmotivación, del colaborador. Hay personas que, pese a reunir casi todas estas características, deciden no estar motivados por razones estrictamente personales, en las que el directivo poco o nada puede hacer.

El problema surge cuando hay un colaborador con un nivel de desempeño muy elevado y su motivación es baja, llegando incluso a ser generador de conflictos y de mal clima laboral. En estos casos el directivo se enfrenta a un dilema: mantener y consentir la actitud del colaborador en aras a conseguir los objetivos fijados, o prescindir de este tipo de personas en su equipo, pese a que no tenga otro colaborador con un nivel de eficiencia tan alto.

Si decide mantenerlo y consentirlo, el directivo conseguirá que los proyectos estén acabados en plazo con un nivel de eficiencia y calidad muy elevado. Por el contrario, tendrá una persona que será una continua fuente de desmotivación y de conflictos entre el resto de compañeros. Suele ser relativamente habitual que los directivos primen los resultados frente al clima laboral, de tal manera que este suele sacrificarse. Así pues, si esta es la vía que el directivo ha decidido tomar, se darán los siguientes posibles efectos:

- El colaborador que genera conflicto se convierte en un empleado tóxico, contaminando con su actitud las relaciones laborales entre todos los compañeros. También se produce el llamado efecto contagio, que consiste en que el resto de compañeros imitan las actitudes del empleado tóxico al no ver una respuesta de corrección por parte del superior.

- Este tipo de situaciones conviene atajarlas lo antes posible ya que, de lo contrario, la gestión del equipo puede convertirse en una auténtica tortura para el directivo debido a su actitud.

- El empleado que genera conflicto, si no es corregido a tiempo y su conducta se consiente, suele sentirse en cierta manera respaldado por su superior y, por tanto, no encuentra motivo alguno para cambiar. Es conocedor de que su mayor baluarte es su eficiencia y su capacidad para generar buenos resultados. Y ese es un elemento muy bien valorado y apreciado entre los directivos. No hay nada como tener un buen puntal en el equipo que pueda hacer frente a cualquier imprevisto.

Es por ello que no es descabellado que muchos directivos prefieran sacrificar la armonía en la oficina a cambio de tener a alguien que cumple de manera excelente con los requerimientos de su puesto de trabajo. Incluso, puede llegar a abusar de su condición de imprescindible –si así se lo ha llegado a transmitir el directivo–, por lo que se tomará ciertas licencias que al resto de compañeros no les estarán permitidas.

La lealtad exhibida por este tipo de personas puede ser entendida por parte del directivo como un rasgo de compromiso por encima de lo habitual. Sin embargo, no deja de ser una estrategia más para poder asegurar su posición de poder frente a su jefe y al resto de compañeros. En definitiva, se utiliza el compromiso como moneda de cambio a costa de que el empleado tóxico pueda seguir exhibiendo sin ningún pudor aquellos rasgos de su carácter que a otros no les está permitido. Esta situación da lugar a que los empleados perciban que hay trabajadores de 1ª y de 2ª clase en función del nivel de tolerancia de algunas conductas. Son las llamadas vacas sagradas que toda organización tiene: personas que han sido muy válidas en algún momento para la empresa pero que, por diferentes motivos, han reducido su nivel de efectividad y viven de las rentas laborales. Son empleados prácticamente intocables que la dirección mantiene pese a que acumulan suficientes experiencias negativas como para prescindir de ellos. Sin embargo, mantienen una posición de poder dentro de la organización debido a la gran cantidad de información que manejan así como de los conocimientos que sobre esta atesoran. Este tipo de personas no necesitan hacer grandes méritos, ya que en su momento se les colgó la etiqueta de «empleado muy válido e imprescindible» y ni siquiera se molestan en cuidar un poco su estatus.

- El resto de miembros del equipo se sienten infravalorados y subestimados y tampoco encuentran motivos para mejorar su desempeño, ya que sienten que el directivo premia conductas que van en contra de la eficiencia. Sienten que el individuo es más importante que el equipo. Es habitual que en estos departamentos haya dos bandos: el del empleado conflictivo en cuestión y sus pocos seguidores, frente al resto de empleados que se sienten víctimas o agraviados. Evidentemente no se podrá hablar de equipo sino de grupo, distinción que se aborda en otro capítulo de este libro. Con frecuencia, este tipo de empleados conflictivos suelen ser bastante críticos con el resto de compañeros, llegando incluso a menospreciarlos, dado que son conscientes de su alto nivel de eficiencia y, por tanto, gozan de la simpatía de su superior. ¡¿A qué jefe no le gusta poder tener a un colaborador con el que sentirse plenamente tranquilo en la ejecución de las tareas?! Estos pequeños desajustes actitudinales del empleado tóxico son minimizados e, incluso, excusados por el directivo. Llegados a este punto, el responsable del equipo ha cedido su poder al empleado que genera conflicto, siendo este el que marca el ritmo y el clima del departamento con sus constantes salidas de tono. Ante esta situación al directivo le resultará bastante difícil retomar las riendas de su departamento nuevamente, ya que tendrá que ganarse desde cero el respeto de su equipo, así como lograr contrarrestar los efectos del empleado conflictivo.

Si decide prescindir del colaborador, estará primando el buen clima frente a los resultados, y tendrá un equipo cohesionado y motivado. Pero es posible que no se alcancen los resultados esperados, tanto en tiempo como en calidad.

Reflexiones y sugerencias

¿Es el despido la mejor solución? En algunos casos no quedará más remedio que prescindir de esta persona para volver a tener el control de la situación. Es una solución drástica, pero que sirve para dos cosas:

- Ayuda a restablecer el liderazgo perdido del directivo al eliminar el elemento casuante de distorsión en el equipo.

- Sirve como ejemplo para el resto de los colaboradores, a fin de evitar posibles imitaciones de la conducta del empleado conflictivo.

Para que el despido sirva de revulsivo dentro del equipo, es necesario que se cumplan las siguientes condiciones:

- La decisión de prescindir del empleado tóxico debe ser tomada y asumida por el directivo. No se puede delegar en otra persona ni en el departamento de Recursos Humanos, ya que le desautorizaría frente al resto de su equipo.

- Es necesario que la decisión y los motivos sean comunicados por el directivo al resto del equipo para que todos sean conocedores de los verdaderos motivos de la salida del compañero y, así, evitar la tan típica rumorología.

- No es infrecuente que, una vez que se haya despedido a esta persona, el resto del equipo opte por victimizarlo o, en el otro extremo, por ensañarse con él. Es tarea del directivo neutralizar esta consecuencia y la única manera de hacerlo es mediante la transparencia en la información que se da sobre los verdaderos motivos. El responsable debe detectar este tipo de situaciones, que se producirán a los pocos días del cese del empleado, y atajarlas de manera rápida y contundente.

Si el directivo considera que la única opción es el despido, pero que tardó demasiado tiempo en tomar la decisión, necesitará restablecer su maltrecho liderazgo. Convendría que aprovechase la ocasión para decidir qué tipo de equipo quiere tener y cuál va a ser su estilo de liderazgo en adelante. Es una gran oportunidad para aprender de los errores cometidos y realizar una reflexión pausada de lo que ha sucedido y cómo evitar que vuelva a suceder.

Cuando el despido no es la solución más adecuada, no queda más remedio que reconducir la situación y transmitirle al empleado que las reglas del juego han cambiado y que, a partir de ese momento, las cosas serán diferentes. Esta opción es la más difícil de llevar a la práctica ya que pesa en exceso el bagaje anterior de la relación del directivo con el empleado tóxico. Con paciencia y ayuda es posible que el empleado modifique su actitud. Algunas ideas útiles en este tipo de situaciones:

- Sentarse con el empleado conflictivo y averiguar cuáles son los verdaderos motivos de su actitud. Puede resultar muy útil si el directivo lo plantea como una experiencia de *coaching* o de acompañamiento del colaborador en un proceso de cambio. Por lo general, todas las personas, desde nuestra percepción de la realidad, creemos tener motivos más que sobrados para mantener un determinado comportamiento, por muy negativo que parezca. Sólo es necesario identificar por un *coach* (o por un jefe-*coach*) si la persona puede obtener eso mismo variando su comportamiento hacia uno más adecuado. En definitiva, se trata de buscar la intención positiva de ese comportamiento negativo. Para ello hay que plantear al colaborador las siguientes cuestiones:

1. ¿Qué te aporta? (mencionar su comportamiento negativo). Es posible que diga que le aporta tranquilidad, seguridad... es decir, algo que él percibe como positivo.

2. Plantearle qué otra cosa puede hacer, además de... (indicarle el comportamiento negativo generador de mal clima), para sentirte... (indicar lo que la persona ha señalado como positivo)? Se trata de que siga haciendo lo que hace, pero incorporando un comportamiento nuevo y diferente que resulte más positivo. Con el tiempo, ese comportamiento positivo irá sustituyendo al negativo cuando la persona vea que consigue los mismo efectos gratificantes.

3. Por último, pedirle que diga cómo lo va a hacer y cuándo comenzará, y que se comprometa para que, en una próxima reunión de seguimiento, puedan llegar a apreciarse los cambios.

Este ejercicio puede ayudar al principio, si la relación está excesivamente enrocada, para tratar de crear un antes y un después así como un compromiso de cambio, por las dos partes. Es habitual que el directivo trate de buscar un compromiso de cambio en el colaborador, olvidándose de que probablemente él también necesita realizar cambios en su estilo de gestión y de relación con sus colaboradores. En el caso concreto de Daniel, sería deseable que analizase hasta qué punto su estilo de liderazgo es el más adecuado. Los reproches por parte del colaborador de su denodada preocupación por el buen clima y el humor pueden ser una llamada de atención a tener en cuenta. No se trata de que cambie por completo su modelo de comunicación y de gestión con el equipo, sino de evaluar si es adecuado mantener su estilo en cualquier circunstancia. Recomiendo que los directivos apliquen el llamado «liderazgo situacional», que consiste en modificar el estilo de liderazgo en función de la situación y las personas. Por ejemplo, se puede tener como prevalente un estilo de liderazgo participativo, pero en ocasiones es necesario modificarlo ligeramente para poder hacer frente a las situaciones que se generan en los equipos. En definitiva, un compromiso de cambio por las dos partes puede ser un buen punto de partida.

- El directivo necesita acudir a esa reunión con la mente libre de prejuicios y el ánimo dispuesto a ayudar al colaborador. De lo contrario, lo único que conseguirá es un acuerdo de fachada que se diluirá en pocos días.

- Conviene que el empleado sepa que su actitud no se va a permitir y cuáles serán las consecuencias si persiste. Evidentemente, si se le advierte de unas posibles repercusiones, habrá que llevarlas a la práctica. El empleado debe ver que sus actos tienen consecuencias.

Desafortunadamente, este tipo de situaciones suelen quedar en una cascada de reproches por ambas partes, sin más intención que decirse el uno al otro lo que piensan. Lector, está en tu mano cambiar la estadística.

Considero relevante tratar aquí una cuestión general, como es la planificación de las reuniones de retroalimentación en las empresas.

Las reuniones, en términos generales, son la herramienta de comunicación y toma de decisiones más habitual en las empresas. Las hay tanto formales como informales y, también, las llamadas reuniones de pasillo, en las que se intercambian un par de comentarios y se da todo por hablado. A la hora de corregir o dar *feedback* a un empleado, especialmente en situaciones conflictivas, es necesario que el directivo lleve planificada la reunión para que pueda cumplir con los objetivos que se haya fijado. De lo contrario, se tratarán muchos temas y es posible que el empleado no reciba toda la información necesaria.

Es conveniente tener en cuenta los siguientes puntos a la hora de planificar una reunión de retroalimentación con un colaborador:

- Marcarse un objetivo: si la intención del directivo es la de corregir algunos de los comportamientos del colaborador, este necesita tener la máxima información posible sobre cuándo se producen, qué efectos generan en el resto de compañeros y las consecuencias de esos actos. De esta forma se puede presentar la información al colaborador de la manera más objetiva posible, minimizando la sensación de subjetividad.

- Buscar un espacio en el que haya tranquilidad e intimidad para que las partes puedan hablar con libertad. Evitar interrupciones como el teléfono, que pueden tensionar el ambiente.

- A la hora de presentar la información, invitar al colaborador a que exprese su opinión, conformidad o disconformidad, cuál es su punto de vista, etc. Se trata de que el colaborador perciba que es un intercambio de información y no una acusación o un reproche.

- Invitarle a que colabore en su desarrollo personal: si las partes acuerdan una serie de cambios, estos deben ser consensuados entre las partes y nunca impuestos. Es preferible que las propuestas de mejora salgan del empleado y no tanto del directivo, para que aquel no sienta que se le está dirigiendo. Es posible que el empleado no quiera realizar cambios, lo cual es lógico y entendible –a nadie nos gusta salir de nuestra zona de confort–. En estos casos es tarea del directivo utilizar su habilidad para conseguir que el empleado esté dispuesto a cambiar. Una forma de conseguirlo es que sea el propio empleado el que diga cuáles son sus áreas de mejora y que él mismo proponga su plan de acción. Si aún así insiste en no realizar cambios, el directivo debe tratar de averiguar cuáles son los motivos y hacerle ver la conveniencia de estos, así como anunciarle un posible despido si insiste en su negativa a poner solución a su actitud.

- El directivo debe tener presente que su tarea es sacar lo mejor de su colaborador y, para ello, deberá mostrarse amable, empatizar con él y, sobre todo, mostrarle que su función es ayudarle. Es habitual que este tipo de reuniones se conviertan en un monólogo del directivo en el que se le dice lo que no hace bien y lo que debe hacer, con lo que la posibilidad de intervención o autonomía del empleado queda prácticamente anulada.

- Lograr que el empleado se comprometa con el acuerdo que han alcanzado. De nada sirve marcarse un plan de acción, de mejora o de desarrollo, si el nivel de compromiso del colaborador es muy bajo. Es por ello que es tan importante que las propuestas salgan del empleado, ya que se sentirá más involucrado con sus propias aportaciones que con las de su superior.

- Marcarse un plazo de duración de la reunión. Las reuniones no pueden ser eternas. Es difícil que tras varias horas de intercambio de opiniones se pueda llegar a un acuerdo favorable para las dos partes. Si las posiciones están muy enrocadas es preferible terminar la reunión y emplazarse para otro momento, con el compromiso de que la disposición a llegar a un entendimiento sea más abierta la próxima vez.

- Conviene recordar que lo que se acuerde deberá ser beneficioso para las dos partes. Cualquier compromiso que beneficie sólo a una de las partes y perjudique a la otra estará abocado al fracaso.

- Hacer reuniones de seguimiento para ver la evolución de los acuerdos alcanzados y ofrecer ayuda sobre dificultades que le puedan surgir al colaborador.

En definitiva, se trata de crear un clima relajado en el que el colaborador pueda sentirse cómodo y sirva como punto de partida para realizar cambios.

5

El dilema de las expectativas
Cuando no hablar claro
genera más problemas

«El trabajo más pesado es por lo general la acumulación
de tareas livianas que no se hicieron a tiempo».

Henry Cooke

¿Cómo gestionar al colaborador que aporta mucha dosis de innovación a la empresa pero deja de lado las tareas más rutinarias e igualmente necesarias? ¿Cómo abordar este asunto con él/ella? ¿Qué riesgos corres al argumentar en base a lo que otros piensan y no teniendo en cuenta lo que piensas tú? ¿Conocen tus colaboradores cuáles son sus funciones, aquello que se espera de ellos? ¿Te crees las funciones que les has asignado o, en la práctica, buscas de ellos algo diferente que no te atreves a verbalizar por miedo a la reacción del resto del equipo o por mantenerte en lo políticamente correcto?

Javier es un innovador nato y por eso Daniel confió en él como factor de innovación para el departamento de Nuevos Proyectos de una gran multinacional con sedes en todo el mundo y con una plantilla local de unos 3.000 trabajadores. Javier encontraba la motivación en cualquier proyecto que se le proponía o que él proponía. Sin embargo, su motivación era nula para realizar la parte más rutinaria de su trabajo. El reto en la gestión de perfiles como el de Javier reside en conseguir mantener su faceta creativa sin menoscabar la calidad del trabajo en sus otras facetas.

Hablaremos de las diferencias entre el jefe-líder y el jefe-paternalista, así como de las repercusiones que tiene cada estilo para las empresas. Asimismo proponemos la figura del líder-*coach* como contrapunto emergente y más adecuado para las organizaciones actuales.

El directivo

Javier es un buen miembro del equipo. Responsable de un área de Desarrollo de Nuevas Soluciones, es el típico perfil creativo al que le salen ideas hasta por las orejas. Eso sí, como buen espíritu libre y soñador, algunas difícilmente materializables. Está muy motivado, yo diría el que más, con la ilusión propia de un niño. En el pasado estuvo demasiado tiempo sin reto alguno –la muerte silenciosa del creativo– y ahora vuelve a estar en su salsa.

El trabajo de Javier tiene dos vertientes: por un lado, la investigación en la búsqueda de soluciones novedosas para el mejor desempeño del negocio y la diferenciación con la competencia; por el otro, tareas más rutinarias, de apoyo a otros miembros del departamento en la parte técnica que él domina.

Dependiendo de la época del año, el trabajo rutinario podía llegar a ocuparle la mayor proporción de su horario laboral. No era lo que le motivaba. Javier era una persona de acción, que se crecía ante los retos difíciles. La investigación era su *leitmotiv*. En ocasiones procrastinaba el apoyo a sus compañeros, no por mala fe ni desidia, sino porque estaba enfrascado en algún asunto de innovación que le absorbía. O, mejor dicho, se dejaba absorber. No existían horarios cuando disfrutaba en alguna de esas tareas. Especialmente gratificantes para su gozo intelectual –y para mi gozo profesional como responsable del departamento– eran los estadios finales de cualquier investigación. Cuando estaba a punto de gritar su particular eureka, se le podía leer en la mirada la felicidad por el objetivo conseguido. Al tratarse de objetivos que, en muchas ocasiones, él mismo se marcaba, la satisfacción era mayor porque se ponía el listón muy alto.

Me permito un inciso para recomendar a los lectores un gran ensayo sobre ese momento de lucidez en que nos damos cuenta de que hemos comprendido algo. Se trata del libro *El gozo intelectual*, del profesor Jorge Wagensberg. Analiza ese preciso y brevísimo instante, complementándolo, como él sabe hacer tan bien, con anécdotas y datos científicos, sociológicos y filosóficos.

Volviendo a Javier, hacía algún tiempo que yo quería encontrar el momento adecuado para decirle que debemos cerrar ya algunas vías de exploración para concretar resultados finales. Estamos destinando demasiado tiempo a explorar y experimentar en su área, en detrimento de su involucración en proyectos liderados por otros miembros del departamento donde su apoyo en aspectos técnicos es fundamental.

Todo se precipitó cuando, en una conversación informal, un miembro de otra área me comentó que se sentía molesto porque algunos compañeros –utilizó el plural, pero deduje rápidamente que se estaba refiriendo en exclusiva a Javier– eternizaban sus tareas y provocaban retrasos en el trabajo de otros compañeros.

Decidí que era imperioso hablar con Javier, antes de que se agravara la situación. Preparé en unos minutos el mensaje que le quería transmitir; precisaba plantear bien la situación. Necesito su creatividad, no puedo arriesgarme a que interprete que pretendo coartársela.

Le llamé a mi despacho y, después de dedicar cinco minutos a hablar de temas intrascendentes para crear un clima confortable, comencé:

–Javier, tenemos que hablar de un asunto, un problema potencial para el buen clima del departamento. Debemos desactivarlo antes de que vaya a más. Hay miembros del equipo que no comprenden por qué su trabajo es estructurado y está sometido a los rigores del calendario, mientras que a ti se te concede el privilegio de dedicarte a explorar nuevas soluciones, sin las servidumbres de los plazos de entrega. Quiero que sigas manteniendo ese perfil de investigador, pero debemos encontrar la manera de balancearlo con la vertiente rutinaria de tu trabajo, sobre todo en aquellas tareas que impactan en otras áreas. Hay compañeros que no pueden completar su trabajo porque están esperando a que tú acabes algunos temas menores que necesitan. Seguro que, si te dedicas a ellos un par de días, los acabarás y podrás continuar con tus investigaciones.

–Sí, tienes razón, tengo un grave problema de administración del tiempo. Tengo que encontrar la manera de sacar adelante primero aquello que impacta en el trabajo de otros. Pero ya sabes, me digo «ya lo haré luego» porque es una tarea trivial, sin desafío, y al final nunca me pongo.

Acordamos que se pondría de inmediato a acabar con todos esos flecos pendientes y, para casos futuros, encontraría la forma de ir intercalándolos con el trabajo que le motivaba.

Podría parecer que gestioné bien el problema. Pero en realidad había cometido un error innecesario. Al apelar al agravio comparativo con el resto de compañeros que no gozaban de la oportunidad de desarrollar un trabajo tan creativo como el suyo, me expuse a dos potenciales conflictos: por un lado, le estaba quitando importancia a esa parte de su trabajo no tan creativa; por otro, le estaba enemistando con sus compañeros.

Debería haber planteado la cuestión simplemente como una necesidad de estructurar la parte creativa de su trabajo, buscando el equilibrio con sus otras responsabilidades. Pero claro, era más fácil recurrir a factores externos para pedirle algo que yo sabía que no le iba a gustar y así mantener inmaculada mi relación con él. ¡Craso error! Los líderes no estamos aquí para caer bien sino para servir bien.

Afortunadamente no hubo impacto en su relación con el resto de compañeros. Aprendí de ese error. Nunca más volví a recurrir a la comparación para solucionar un conflicto ya que no es un argumento válido. Las razones del trabajo residen en la lógica del mismo, *per se,* y así deben exponerse y tratarse.

El especialista en gestión de personas

Cualquier persona que dirige un equipo tiene en mente dos objetivos fundamentales:

1. Lograr que se alcancen las metas establecidas en el tiempo previsto y con un nivel de excelencia alto.

2. Que entre los miembros del equipo fluya la comunicación así como el buen clima.

Para poder alcanzar estos dos objetivos, la persona que esté al mando puede hacerlo desde dos perspectivas muy diferentes:

- Una de ellas basada en el paternalismo, entendido como la posición que ocupa frente a sus colaboradores, comportándose como si de su padre se tratase, llegando incluso a tomar decisiones por ellos basados en «es lo mejor para ti».

- La segunda perspectiva, mucho más ecológica emocionalmente hablando tanto para el responsable del equipo como para los colaboradores, es manejarlo desde la confianza y la autonomía. Esta entronca más con la figura del jefe-líder que con la del jefe-padre de la anterior.

Cualquier otra perspectiva basada en el miedo y la amenaza no tiene cabida a la hora de gestionar un equipo, ya que difícilmente se podrá cumplir el presupuesto de que fluya la comunicación y que se genere un buen clima, pese a que posiblemente sí se cumplirían los objetivos establecidos por la sola amenaza.

Ahora bien, la fina línea que separa el jefe-paternalista del jefe-líder es muy fácil de traspasar ya que, culturalmente, en muchas empresas ha prevalecido el paternalismo como una forma de dirección. No es extraño pensar en ello teniendo en cuenta que nuestra tradición heredada de las relaciones laborales viene profundamente marcada por el paternalismo imperante en la época del ordeno y mando.

¿Qué diferencia un jefe-líder de un jefe-paternalista?

- Los jefes-paternalistas basan su estilo de dirección en las relaciones personales. Es más, priman el bienestar de sus colaboradores incluso por encima de la eficiencia y los resultados. Es lo que se denomina el 'buen rollismo'.

Suelen atribuirle al clima laboral el poder de generar empleados comprometidos y altamente motivados, cuando no tiene necesariamente que ser así. Y, además, se basa en la creencia de que si un empleado se siente bien en su puesto de trabajo, su desempeño será elevado.

En cambio, un jefe-líder basa su estilo de dirección en una combinación de dos factores: trabajar el clima de su equipo y ofrecer retroalimentación de manera constante sobre el desempeño de sus colaboradores.

La diferencia con el estilo del jefe-paternalista radica fundamentalmente en que éste no suele ofrecer retroalimentación de mejora a sus colaboradores cuando es necesario. Es decir, prefieren no decirle a un empleado que ha hecho algo de manera incorrecta por temor a que éste pueda sentirse desmotivado.

- Una segunda diferencia es que el jefe-paternalista está poco orientado hacia los resultados o, por lo menos, no le concede la misma importancia al nivel de excelencia de éstos. Es más, incluso podría llegar a asumir parte del trabajo para evitar que su colaborador se sintiese herido, lo cual resulta poco eficiente. Los empleados necesitan de una retroalimentación constante sobre su nivel de desempeño ya que es la mejor manera de poder tener una información útil sobre aspectos a mejorar. Es frecuente que los empleados bajo la dirección de un jefe-paternalista tengan la percepción de que su nivel de desempeño es bastante bueno, aunque no sea así.

Por el contrario, el jefe-líder desea resultados con un estándar de calidad alto, y eso es precisamente lo que exige a sus colaboradores.

Y aquí la palabra clave es exigencia, entendida como la capacidad de producir resultados excelentes con un nivel de presión moderado. No se trata de poner metas inalcanzables ni hacer peticiones poco realistas, sino establecer plazos, niveles de calidad, hitos concretos para que el resultado sea excelente.

Tradicionalmente los jefes exigentes han sido mal vistos ya que se suelen asociar a perfiles autoritarios, inflexibles y con peticiones completamente absurdas.

Sin embargo, la exigencia es consustancial al rol del líder. Asegura que los empleados estén comprometidos con el resultado de la tarea y asegura que los niveles de calidad sean elevados.

- Una tercera diferencia tiene que ver con la seguridad de la persona que ejerce el rol de jefe. Los jefes-paternalistas pueden tener una cierta tendencia a la falta de seguridad sobre sus propias capacidades para ejercer el liderazgo, y como hemos comentado anteriormente, la línea que separa el jefe-líder del paternalista es fácilmente traspasable.

Incluso un jefe-líder, en un momento dado y bajo unas condiciones de presión muy concretas, podría llegar a cambiar su estilo transformándose en paternalista.

Un jefe-paternalista suele mostrar una excesiva preocupación por los problemas de su equipo, que suele resumirse en un intento de obtener la mayor información posible para mantener su nivel de seguridad frente al equipo.

El jefe-líder ejerce su rol independientemente de las situaciones adversas que se pueda encontrar. Tiene confianza en sus habilidades de mando y sabe que no siempre podrá gustar a todo el mundo, pero lo asume y sabe vivir con ello sin que le pese como una losa.

Es capaz de generar relaciones con sus colaboradores de manera eficiente y de gestionar los problemas que surjan en el equipo.

Reflexiones y sugerencias

Desde hace varios años se está empezando a imponer la figura del líder-*coach,* que es aquella persona que se encuentra al mando de un equipo y utiliza en el ejercicio de su liderazgo algunas herramientas importadas del *coaching,* como son:

- Ayudar a que sus colaboradores tomen conciencia de qué hacen, cómo lo hacen y por qué lo hacen. Se trata de acompañar a los empleados en este tipo de reflexiones, dando herramientas para ello. El líder-*coach* se abstiene de etiquetar a sus empleados o de darles soluciones, por el contrario, cree en la individualidad de cada uno de ellos y les anima a que busquen sus propios recursos.

- Fomentar la responsabilidad de cada uno de los colaboradores, de tal manera que se hagan cargo de los resultados.

- Generar confianza, promoviendo la autonomía en sus colaboradores.

- Relacionarse con su equipo de tú a tú ya que la jerarquía es prácticamente inexistente e innecesaria.

- Predicar con el ejemplo ya que sirven de modelo y el resto de miembros del equipo pueden verse reflejados en él.

A la vista de todo esto, parece claro que Daniel ha caído en la trampa del buenrollismo ante las quejas transmitidas por algunos miembros del equipo. Es decir, ha preferido hacer valer la buena relación y se ha comportado de alguna manera como el padre de Javier, tratando de protegerle de los comentarios amenazantes de algunos compañeros.

Este hecho le hizo perder, muy posiblemente, la perspectiva de la situación y se olvidó de lo que realmente importaba: analizar un problema de gestión del tiempo que tenía Javier.

El haber analizado con Javier esta dificultad le habría dado posibilidades a este de desarrollar habilidades que posiblemente necesitase y, además, habría contribuido a que los resultados del departamento se alcanzasen.

Podríamos decir que los árboles no le dejaron ver el bosque.

6 | El dilema del coliderazgo
Cómo gestionar la falta de voluntad de un compañero directivo

> «Hay una fuerza motriz más poderosa que el vapor, la electricidad y la energía atómica: la voluntad».
>
> Albert Einstein

¿Has tenido que coliderar alguna vez? ¿Cómo te sentiste? ¿Los niveles de implicación eran semejantes o una de las dos partes acarreó con mayor carga de trabajo? ¿Cómo influyen las relaciones personales de los colíderes en los respectivos equipos? ¿Qué dificultades te puedes encontrar en el coliderazgo? ¿Cuándo es aconsejable que escales los problemas? Y, si al escalarlos no cambia nada, ¿cómo reaccionar ante la adversidad?

En empresas con planes de crecimiento o de recuperación ambiciosos es habitual que los objetivos estratégicos obliguen a los directivos a colaborar estrechamente entre ellos y también entre sus departamentos. En una empresa multinacional de reconocido prestigio y con amplia implantación geográfica, Daniel, responsable en aquel momento del área de Organización y Tecnología, encontró graves dificultades para llevar adelante un proyecto junto al área de Operaciones de la compañía. La relación de Daniel con su colega horizontal era profesional y personalmente correcta, aunque con poca afinidad en ese último terreno. Antes ya habían participado en otros proyectos juntos, aunque de características más transversales y con participación de varias áreas adicionales. En este caso era la primera vez que lideraban un proyecto mano a mano. Los diferentes niveles de implicación de ambos colíderes generaron fricciones entre los miembros de sus respectivos departamentos y el proyecto estuvo al borde del fracaso.

En este capítulo hablaremos de las diferencias entre liderar y dirigir, y propondremos al lector que decida si los protagonistas de este capítulo lideran o dirigen. Asimismo abordaremos las dificultades que supone coliderar y las posibles alternativas para que pueda realizarse de la forma más adecuada. Por último, trataremos el tema del *feedback* emitido por el colaborador al directivo, en contraposición al emitido por el directivo al colaborador.

El directivo

Esta experiencia trata sobre un colega horizontal, director de otro departamento de la empresa, y la influencia de nuestra relación en nuestros respectivos colaboradores.

Las fricciones con nuestros colegas horizontales –los *peers,* en terminología anglosajona– son unas de las más complejas de manejar. De cómo las gestionemos dependerá la buena forma de las relaciones entre nuestros departamentos y la intensidad de las colaboraciones. Idealmente la empresa debería contar con un equipo directivo integrado, colaborador y con interacciones basadas en la confianza mutua. Pero factores diversos, como las químicas personales y las experiencias y comportamientos del pasado, juegan un papel esencial en la calidad de las relaciones.

En cuanto a las interacciones con nuestros colegas horizontales de otros departamentos y sus equipos, se diferencian en dos aspectos de las que mantenemos con nuestros colaboradores directos:

1. Ese colega horizontal es quien lidera a su equipo, no nosotros.

2. Existe una vertiente política, basada en la gran importancia de mantener buenas relaciones con el colega, ya que una mala relación puede desembocar en obstáculos o parálisis organizacionales, que inexorablemente se propagarán a los equipos respectivos y les provocará, a su vez, fricciones.

No soy favorable al coliderazgo de actividades. El conocimiento, la motivación del momento y la voluntad de los colegas horizontales de otros departamentos suelen conducir a que, de hecho, el peso de la gestión recaiga sobre uno de ellos. Igualmente, la química personal entre los colegas condiciona los ritmos y dinámicas que se producen.

Respecto a la experiencia que voy a relatar, la relación personal con mi colega era simplemente correcta. No teníamos una química especial, ni era del tipo de persona con quien me iría a tomar un café en mi vida privada. Yo no compartía su estilo de liderazgo, ni me sentía cómodo ante su porte hierático y su falta de empatía. Tampoco me gustaba su tendencia a no asumir responsabilidades y a buscar culpables. Pero, insisto, profesionalmente manteníamos una relación correcta basada en la cordialidad mutua.

Habíamos recibido el mandato de coliderar una actividad de relevancia para la compañía. Javier era la persona de mi departamento a la que asigné la responsabilidad de la gestión del proyecto. En lo que respecta al departamento de mi colega, le asignó la responsabilidad a Pedro, persona de su confianza.

Javier me iba advirtiendo de que no estábamos avanzando al ritmo adecuado. Pedro no estaba cumpliendo los ritmos pactados. Hablé con mi colega para entender cuál era el problema, trajo a colación la carga de trabajo de Pedro y aseguró que haría todo lo posible por descargarlo.

Tras unos días, la situación no mejoró. Hablé directamente con Pedro para comprender qué pasaba y me dijo que iba sobrecargado y que lo único que había hecho su jefe –mi colega– era decirle que hiciera todo lo posible para compaginarlo todo. Le sobrepasaba el trabajo. No le ayudó a gestionar sus prioridades, ni a renegociar los tiempos de sus obligaciones con otras áreas. Continuaba recibiendo presiones de esos otros departamentos. Y, por supuesto, las de Javier.

Volví a hablar con mi colega. Le dije que estaba preocupado y que esto no era sostenible. Se molestó e intentó desviar la conversación hacia la carga de trabajo de Javier, buscando similitudes con la situación de Pedro, y así poder desarmarme. Le argumenté con serenidad que yo personalmente estaba gestionando las prioridades de Javier, con el fin de que afectara lo menos posible a la actividad común, y que hasta ahora estaba funcionando bien esta parte. No había lugar a la comparación.

Al final se comprometió a asumir parte de la carga de trabajo de Pedro para aligerarlo. Su involucración directa en las tareas de Pedro duró escasas 24 horas y volvió a desentenderse del asunto.

La situación se complicaba. Tal y como había discurrido mi anterior charla con él, no era aconsejable reeditarla ya que no se habría conducido por cauces razonables. Tenía que utilizar otra táctica y decidí, por el bien de la compañía y por el bien de la relación con mi colega, gestionar yo mismo la relación con Pedro. Aunque a este le pareció extraña mi postura, al principio aceptó de buen grado dejarse ayudar por mí en la priorización de las actividades que afectaban al proyecto común.

Al cabo de una semana de adoptar esta nueva táctica, comenzó a recibir mis presiones por algunos incumplimientos de compromisos. Pedro era muy orgulloso, tenía un ego elevado y, además, se agobiaba con facilidad. Mi presión provocó que me hablara de malas maneras en un par de ocasiones. Yo no era su jefe y, sin embargo, estaba recibiendo mis instrucciones y supervisión. Me anunció que no quería seguir así, que él sólo le debía explicaciones a su jefe, no a mí. La brecha entre nuestros departamentos crecía.

La inacción de mi colega estaba poniendo en riesgo el éxito de la actividad. Le di muchas vueltas al caso para encontrar la mejor manera de gestionar esta situación. Todas me conducían a lo que desde el comienzo quise evitar: la queja a la dirección general. Este debería ser el último recurso. Un buen líder debe haber agotado todas las posibilidades antes de escalar los problemas. Entre otras cosas, para eso nos pagan, para que resolvamos en primera instancia los problemas que se desarrollan dentro de nuestros ámbitos.

Albergaba la duda de si efectivamente había agotado todos los recursos posibles. Concluí que sí. Tenía que escalar la situación.

Enfoqué mi conversación con dirección general de la forma más constructiva posible. Aunque el cuerpo me lo pedía, no fui a la yugular de mi colega. Mi sentido de la objetividad y la preservación de unas buenas relaciones con él debían prevalecer. Me limité a pedirle que, desde la atalaya de su visión global a vista de pájaro, me ayudase a comprender qué otras prioridades de mi colega estaban obstaculizándonos. Me habló de varias otras acciones que mi colega estaba impulsando, consumidoras de tiempo, que podían ser la causa. Comentamos si nuestra actividad coliderada podía tener una menor prioridad y, por tanto, podía alargarse en el tiempo. Concluimos que no. Era crucial mantener las fechas. No fue una buena noticia para mí, porque eso significaba que mi vía crucis iba a continuar. Por tanto, le pedí que por favor mantuviera una reunión con mi colega y le recordara exactamente lo que me acababa de trasladar a mí: que la actividad común tenía una alta prioridad.

La situación no mejoró. Es más, en otros foros mi colega hacía alarde de lo mucho que se estaba volcando en nuestra actividad común lo cual era totalmente falso. Y lo hacía sin pudor alguno, porque incluso en algunos de esos foros estaba yo presente. Es curioso hasta qué punto llega la mente humana: pensamos de forma equivocada que son las palabras las que conforman nuestra imagen, en lugar de nuestros actos. Estaba claro que mi colega no se estaba volcando en ninguna de sus responsabilidades: ni en las que me involucraban a mí ni en las que no. Ante mí utilizaba como excusa sus otras ocupaciones y, ante los otros, la nuestra común.

En su descargo diré que mi colega no estaba pasando por un buen momento profesional. Sus diferencias con la dirección general iban en aumento e, incluso, descubrí casualmente que estaba inmerso en la fase final de un proceso de selección en otra compañía.

Ahora sí que sólo tenía dos opciones: o comunicarle a dirección general que debíamos abortar la actividad por la falta de implicación de mi colega, o continuar contra viento y marea, sorteando Javier y yo las dificultades de gestión y haciendo el trabajo que mi colega y Pedro no hacían. Me decidí por esta última. En concreto, le dije a Pedro que una parte de su trabajo la iba a asumir yo directamente.

No le gustó porque se sintió invadido y herido en su orgullo. Le dije que no lo hacía para fastidiarle, sino porque era la única manera de avanzar. Es curioso que Pedro, a pesar de estar pidiendo ayuda a gritos, cuando obtiene una mano tendida, muestra su ego entorpeciendo. En otra ocasión hablaré sobre mis experiencias con los egos –tanto con el mío propio como con los de los demás– y lo paralizantes y obstaculizadores que son cuando se orientan al bien personal y no al bien común.

Javier no comprendía ni aprobaba mi decisión de involucrarme en tareas que no me correspondían para suplir la inacción de mi colega. Le noté incluso molesto. Nos apreciamos mutuamente y tenemos la sana costumbre de hablarnos con honestidad. Recomiendo actuar así con nuestros colaboradores. No hay que temer perder la autoridad ya que esta bebe de otras fuentes. Que nuestros colaboradores también nos den *feedback* es un instrumento de crecimiento personal y profesional muy potente. Jamás sentí que se menoscabara mi autoridad por ello. Bien al contrario, siempre la ha potenciado. La transparencia y la honestidad deberían guiar nuestras actuaciones profesionales. Nos las debemos exigir a nosotros mismos y a nuestros equipos, y estos a nosotros también. Esto es la teoría… pero el que os habla no puede decir que haya sido transparente y honesto en todos sus actos profesionales, aunque esto es materia para otra ocasión quizá.

Intenté hacerle comprender a Javier –no sé si lo conseguí– que nuestro deber era para con la compañía, no para con nuestras vísceras. A veces hay que tragarse muchos sapos para no anteponer nuestro ego a los intereses de la empresa. Este era uno de esos casos. Y que, además, hay que preservar al máximo las relaciones con los colegas para que no se dificulten los objetivos del negocio y nuestros equipos no se contaminen.

Yo no estaba seguro de haber tomado la decisión correcta al tratar de llevar a cabo la actividad a pesar de todas las dificultades. Pero sentí que era lo que debía hacer en esas condiciones.

Finalmente la historia acabó bien y la actividad se llevó a cabo en tiempo y forma. La forma pudo haber sido mucho mejor, aunque las condiciones no lo permitieron.

El especialista en gestión de personas

Liderar un equipo de personas, que no dirigir, es una tarea altamente gratificante tanto para el que lidera como para el que es liderado.

Y ello por varias razones:

- Un buen líder valora las diferencias entre los miembros de su equipo y las potencia ya que, cuanta más diversidad haya, más posibles soluciones y caminos existirán para llegar al objetivo.

- Fomenta la retroalimentación, tanto la de reconocimiento como la de mejora, con lo que incide de forma directa en el clima laboral del equipo y facilita el desarrollo profesional de los colaboradores.

- Se posiciona al lado de sus colaboradores a la hora de realizar las tareas, con lo que puede llegar a ser uno más en el equipo; es decir, tiene una clara vocación de servicio hacia su equipo.

- Es coherente. Sirve de modelo a los miembros del equipo. Tiene clara una máxima: «las personas son lo que hacen y no lo que dicen que hacen».

- Se compromete con el equipo de tal manera que este siempre estará por encima de las individualidades de los miembros.

- Es humilde y sabe reconocer sus errores. Trabaja todos los días para mejorar sus áreas de desarrollo y es consciente de ello.

A la vista de esto, podemos decir, sin temor a equivocarnos, que liderar es una actividad que requiere de esfuerzo, pasión y voluntad. El líder lo es las 24 horas del días, los 7 días de la semana, los 365 días del año. No es un traje que nos ponemos cuando vamos a trabajar y nos quitamos de nuevo al llegar a casa: es una forma de ser y de estar en la vida.

Visto así, podríamos llegar a la conclusión de que hay muy pocos líderes en nuestras organizaciones, lo cual es una realidad, y en cambio hay mucho jefe, incluso «jefecillo», que dice liderar cuando en realidad dirige.

En otro capítulo de este libro hablamos de las diferencias entre jefe y líder.

En este caso, queremos abordar las diferencias entre liderar y dirigir:

- Liderar implica crear visión y estrategia, crear una cultura y valores compartidos por todos, mientras que dirigir significa planificar y aplicar criterios ya establecidos y largamente aceptados.

Esta es una cuestión que con bastante frecuencia se confunde. Consideramos que cualquier persona que dirige y que además lo hace razonablemente bien, puede ser un líder. Sin embargo, liderar hace referencia a la capacidad de poder establecer la estrategia, ya sea de la empresa, de un área concreta... mediante el establecimiento de la visión.

Al dirigir establecemos objetivos e hitos que serán cumplidos de acuerdo con una estrategia preestablecida por otra/s persona/s y su consiguiente visión, y organizamos y asignamos los recursos que nos han sido previamente otorgados. En definitiva, dirigir es resolver problemas, mientras que liderar es marcar el rumbo estratégico.

- Fomentar el desarrollo profesional de los colaboradores está estrechamente ligado a la función de liderar. En cambio, dirigir no tiene necesariamente que perseguir este desarrollo profesional.

- Liderar significa inspirar y motivar, mientras que dirigir está más relacionado con la ejecución de las tareas de una manera más o menos preestablecida, con la supervisión y el establecimiento de límites.

- Liderar está relacionado con la capacidad para crear conexiones emocionales entre los colaboradores.

- Los líderes son generadores y facilitadores de cambio, tanto en las personas como en las organizaciones. Sin embargo, dirigir está relacionado con la ejecución dentro del marco establecido, con el fin de alcanzar los objetivos con un alto grado de eficiencia.

Tras esta explicación, le planteo al lector una pregunta: en la experiencia que acabamos de leer, ¿los directivos lideran o dirigen?

Claramente en el caso del compañero dirige, o más bien maldirige, dado que su inacción provoca grandes tensiones entre los dos departamentos. En el caso del directivo que relata su experiencia en primera persona, podemos decir que dirige, aunque con algunos tintes de liderazgo. Esa fórmula mixta es la más habitual en las empresas: directivos que dirigen con toques de liderazgo sin llegar a cumplir los criterios anteriomente mencionados para que podamos estar hablando de liderar.

Si ya es difícil liderar, no lo es menos coliderar, como en la experiencia relatada.

Al fin y al cabo, al coliderar se dan una serie de circunstancias que pueden hacer de la experiencia una verdadera tortura si los líderes no lideran en síntonía.

Reflexiones y sugerencias

Algunas dificultades que surgen habitualmente y posibles aternativas:

- Las personas que colideran el proyecto tienen valores diferentes. Esta cuestión puede hacer que el proyecto pueda no llegar a término. Imaginemos que para uno de los líderes del proyecto el valor más importante sea la calidad en los resultados. En cambio, el otro líder le da más importancia a los plazos y no tanto a la calidad del proyecto. Evidentemente surgirán tensiones entre estos dos aspectos, dado que uno querrá cumplir el plazo estipulado aunque la calidad no sea la requerida. En cambio, la otra persona primará la calidad frente a los plazos.

Alternativa para solucionar esta situación: si se trata de un proyecto de envergadura con un amplio equipo de trabajo, una posibilidad es realizar varias sesiones de puesta en común sobre cuáles son los valores del equipo. De esa manera todos los integrantes estarán manejando los mismos criterios respecto al proyecto.

- Puede ocurrir que uno de los líderes quiera tener más protagonismo que el otro. Si los dos están de acuerdo en este punto, no tiene porqué significar un problema. Lo más habitual es que uno (o los dos) pugne por dirigir el proyecto de manera única y que el otro llegue a convertirse en un miembro más del equipo. Suele ser en este punto donde surgen la mayor parte de fricciones. Además, los colaboradores de los colíderes suelen tomar partido por su responsable, convirtiéndose el equipo en dos grupos separados.

Alternativa: los líderes se sientan y hablan sobre cómo quieren gestionar el proyecto, así como el reparto de roles. Se trata de poner en común el alcance de la responsabilidad de cada uno, las funciones y tareas. En definitiva, ligar al máximo los aspectos que atañen al proyecto.

Es muy recomendable que, de cara al equipo, sean una única voz para que este no perciba diferencias de criterio entre ambos.

- Otra dificultad con la que se encuentran los colaboradores es que la nueva carga de trabajo se suma a la que ya tienen, provocando que no estén especialmente motivados por el nuevo proyecto.

Y, además, tienen que trabajar con personas con las que no están habituadas a hacerlo, por lo que hay que tratar de encajar un equipo dentro de otro sin haber realizado ningún tipo de acomodamiento entre las estructuras fijas, esperando que, por el simple hecho de tener que realizar un proyecto en común, los empleados van a sintonizar y trabajar juntos como si llevasen toda la vida haciéndolo.

En definitiva, el hecho de trabajar con personas con las que habitualmente no se trabaja e, incluso, llegar a recibir indicaciones de una persona que no es tu superior directo, puede ser causa de tensiones y fricciones entre el equipo.

En este caso, los colíderes tienen que tener claro que se trata de un nuevo equipo que se crea para conseguir un objetivo concreto y como tal debe gestionarse. Eso implica que hay que tener en cuenta las necesidades de todos los miembros y no sólo las de los colaboradores directos, tratarlos a todos por igual, con independencia de si dependen de uno u otro, establecer hasta dónde pueden dar indicaciones cada uno de los colíderes, que los colaboradores asuman que pueden y tienen que seguir las instrucciones dadas por estos, aunque no sea su superior directo. De lo que se trata es de que dos equipos funcionen como uno único durante un tiempo y para ello es necesario que las personas que los lideran se muestren con las características del líder que ya hemos mencionado.

¿Sería factible que alguno de los miembros del equipo realizara tareas que la otra parte no quiera asumir, tal y como se expone en el relato?

En estos casos el líder que decide que su departamento cargue con las tareas del otro deber ser muy consciente de que posiblemente le pase factura, en el sentido de que sus colaboradores pueden cuestionarlo si no perciben que la decisión aporta resultados. Incluso podría menoscabar su imagen como líder de equipo y perder parte de su credibilidad.

Cuestión distinta es cómo se comunique, ya que una decisión que en principio puede resultar poco congruente con la forma de actuar del directivo, puede ser razonable si se da la suficiente información a las personas involucradas.

- Las personas que tienen que liderar el proyecto no conectan o mantienen puntos de vista muy diferentes sobre la ejecución.

Esto es algo bastante habitual dentro de las empresas. Muchos directivos piensan que la mejor manera de hacer las cosas es la suya y no la de sus colegas, con lo que intentan llevarse a su terreno la forma de desarrollarlo.

Conviene recordar que cuando dos directivos se embarcan en un proyecto en común suele ser a petición de la dirección general de la empresa y no por decisión propia, con lo que el primer escollo lo encontramos en que es una decisión impuesta desde más arriba.

Que sea una decisión impuesta no ayuda, ya que los implicados no tienen que conectar de forma necesaria químicamente entre ellos. De hecho, suelen ser este tipo de proyectos los que desencadenan las guerras más cruentas dentro de las empresas. Guerras que no tienen más objetivo que demostrar quién está por encima de quién. Cuando esto se produce, quedan pocas opciones para solventar la situación, sobre todo si no hay predisposición por alguna de las partes.

Una posible solución viene de la mano de la intervención de una tercera persona que imponga las reglas del juego ahí donde los dos directivos no han sido capaces de hacerlo. Y, por supuesto, tiene que tratarse de una persona que goce del beneplácito de los dos implicados, además del director general o alguien con similar ascendencia dentro de la organización.

¿Qué ocurre si, llegados a esta situación, el director general se desentiende de lo que está pasando, tal como hemos visto en el relato? En ese caso soy de la opinión de que es vital apelar a la buena diligencia en el trabajo de las dos partes implicadas y tratar de que lo solucionen entre ellos.

El hecho de que uno de ellos asuma la parte del otro, con su beneplácito, puede ser una solución a corto plazo, pero en un momento dado la otra parte reclamará su cuota de poder y de participación, sobre todo cuando se aproxime el final del proyecto. Es por ello que lo más recomendable es apelar a la profesionalidad de los dos directivos en aras del proyecto común. Podríamos decir que pueden pactar un armisticio mientras dure el proyecto para luego volver a sus quehaceres cotidianos. No es la mejor solución, pero puede ser la más adecuada teniendo en cuenta el contexto.

Si aun así el proyecto no funciona y el director general continúa desentendiéndose del asunto, una posible solución sería bloquear el proyecto hasta que las cuestiones de fondo se resuelvan. Es decir, enfrentar al director general a la situación de que un proyecto esté parado por su falta de decisión –algo que cae dentro de su esfera de atribuciones, ya que una parte de su trabajo reside precisamente en solventar estas cuestiones cuando los directivos se enrocan–. Esta decisión debe ser manejada con sumo cuidado ya que el director general puede sentir su liderazgo amenazado por la rebelión de un directivo que no quiere seguir adelante. Es por ello que la forma más adecuada de plantearlo es desde la perspectiva de que se trata de lo mejor para los intereses de la empresa, huyendo de los intereses particulares de los directivos implicados.

Una última cuestión que conviene abordar en este capítulo es la retroalimentación bidireccional entre el colaborador y el directivo. En otros capítulos mencionamos la importancia de la retroalimentación sobre el desempeño, tanto de reconocimiento como de mejora, del directivo hacia el colaborador.

Ahora bien, ¿qué pasa con la retroalimentación que se dirige del colaborador al directivo? ¿Están los directivos preparados para recibir *feedback* de sus colaboradores? Desde mi punto de vista, esta es una de las asignaturas pendientes de quienes dirigen personas. Muchos de ellos conocen y ponen en práctica las pautas para hacer una buena retroalimentación, pero se sienten incómodos ante la posibilidad de que un colaborador le «saque los colores». Porque la retroalimentación de colaborador a directivo está más dirigido a lo que hemos llamado retroalimentación de mejora que de reconocimiento. La retroalimentación de reconocimiento se utiliza para hacer énfasis en una buena ejecución desde la perspectiva del superior jerárquico.

Es por eso que este tipo de retroalimentación resulta desconcertante para las personas que dirigen colaboradores ya que no suelen estar preparados para ello.

Sin embargo, es una de las mejores fuentes de información que puede tener quien tiene un equipo a su cargo, siempre y cuando cree el clima necesario de confianza para que se produzca. La persona que aspire a convertirse en líder, ya sea en el terreno personal o profesional, deber ser muy consciente de lo que opinan las personas que están a su alrededor sobre cómo es su desempeño, sus puntos fuertes, áreas de mejora... Y eso implica un alto grado de humildad para poder aceptar que no siempre se acierta y que los errores forman parte del bagaje de los líderes.

Algunas pautas útiles que debe seguir el directivo para empezar a recibir *feedback* de sus colaboradores son:

- Dar retroalimentación *(feedback)* con frecuencia a sus colaboradores, tanto de reconocimiento como de mejora. De esta manera el equipo verá la retroalimentación como una actividad natural. Es decir, mostrar coherencia entre lo que se dice y lo que se hace.

- Política de puertas abiertas: si hay algo que entorpece la comunicación son las barreras físicas que nos encontramos en las empresas. Aunque se trabaje en un despacho, el tener la puerta abierta es una invitación a que los empleados se sientan cómodos compartiendo información con los directivos.

- Practicar la escucha activa mientras se está recibiendo la retroalimentación del colaborador. De poco sirve transmitir que fomentamos y aceptamos lo que los colaboradores opinan de nosotros si, a la hora de la verdad, estamos más preocupados justificándonos que escuchando lo que nos dicen.

- Demostrar, no sólo con palabras sino con hechos, que hemos recibido la información y la tenemos en cuenta. En caso contrario, los colaboradores no verán ningún sentido a aportar esos valiosísimos datos.

- Agradecer que nos hayan dado esa información. Debemos sentirnos muy honrados con que hayan querido retroalimentarnos. No es una obligación de los colaboradores y, por lo tanto, es digno de agradecer dado que nos ayuda a mejorar.

Conviene tener presente que para liderar un equipo, ya sea este grande o muy pequeño, lo primero que debemos saber es liderarnos a nosotros mismos. En caso contrario, la envergadura de la tarea será de tal tamaño que nos impedirá disfrutar de la satisfacción de liderar y ser liderado.

Tercera Parte
Gestión del talento

7 | El dilema de la confianza
Cómo forjar un colaborador excepcional

«Trata a una persona como lo que es, y obtendrás lo que es; trátala como lo que puede llegar a ser, y obtendrás lo que puede llegar a ser».

Johann Wolfgang von Goethe

¿Existe la fórmula mágica para desarrollar a colaboradores hasta la excelencia? ¿Por qué consigues que emerja todo el potencial de algunas personas y de otras no? ¿Has tenido alguna vez la sensación de que has hecho un buen trabajo desarrollando el talento de un colaborador? ¿Y sabes por qué lo hiciste bien? ¿Tienes un talento natural para el desarrollo de las personas? ¿Te dejaste llevar por tu instinto o aplicaste conscientemente alguna estrategia?

Daniel opina que nadie puede actuar directamente sobre la motivación de nadie. Podríamos resumirlo diciendo que no cree en la motivación, pero sí en que es posible fomentarla indirectamente a través de la generación de un clima de trabajo adecuado. Así ocurrió con Alberto. Recientemente incorporado al departamento de Sistemas de Información liderado por Daniel, mostró desde el comienzo avidez de conocimiento. Inteligente y con gran capacidad de aprendizaje, Alberto representaba para Daniel un doble reto: mantener viva la motivación que ya traía puesta de casa y conducirlo hacia la excelencia. La probabilidad de frustrar expectativas a una persona con esa capacidad y esa voluntad es alta.

En este capítulo hablamos de lo que entendemos que es nuestra fórmula mágica para poder forjar un colaborador brillante así como el estilo de liderazgo más adecuado para ello. También hablaremos sobre cómo dar *feedback* de forma efectiva.

El directivo

Alberto era un miembro del departamento que yo dirigía en aquella época. Su caso es, probablemente, el de mayor éxito en liderazgo de mi carrera profesional.

Alberto fue contratado para ampliar el departamento. En aquellos tiempos mis funciones no eran todavía plenamente de gestión, sino que también había un ámbito técnico que yo ejecutaba. Cada vez tenía más necesidad de descargarme de esa parte técnica para poder ejercer mi función directiva en plenitud. Había proyectos de futuro encima de la mesa que requerían de análisis e impulso gestor, para los que yo estaba siendo cuello de botella. Vi en las capacidades de Alberto una oportunidad para delegar en él las funciones técnicas.

Practiqué mi fórmula mágica para el desarrollo del talento: confianza, exigencia y retroalimentación. Siempre me ha funcionado, lo cual no quiere decir que siempre hayan emergido grandes talentos o líderes al aplicarlo: también se detecta si se carece de voluntad o de capacidad. En mis inicios como directivo nunca fui consciente de estar aplicando esa fórmula. Fue más tarde, cuando comencé a interesarme por el liderazgo, que conceptualicé mi método.

La confianza genera autoestima. Debe ser honesta. Practícala aunque te cueste. En el caso de Alberto, y después de un corto período en el que comprobé que se daban unas condiciones mínimas favorables, comencé dándole acceso a toda la información que yo poseía. Le traté como mi mano derecha, aunque estableciendo los límites de su marco de actuación. En ciertos momentos dudé si estaba cometiendo una temeridad. Quién no ha sentido la inseguridad que te recorre la espina dorsal cuando dudas de si estás tomando una decisión temeraria. Entra en nuestro rol de líderes. No eres infalible. Algunas veces estarás metiendo la pata hasta el fondo, confiarás en quien no lo merecía. Pero te darás cuenta y reaccionarás a tiempo.

Siempre le demostré que sus problemas eran mis problemas. Estaba a su lado. Participaba junto a él en la búsqueda de la excelencia. No imponía mi visión. Primero le escuchaba.

La exigencia genera superación. Cualquier proyecto que realizábamos tenía unas exigencias formales y otras de calidad. Las formales eran bastante aburridas, pero necesarias para disponer de un marco único de funcionamiento, y que el trabajo realizado por uno siempre sirviera como base para el trabajo de los demás.

Cuando un proyecto no disponía de la suficiente calidad, se lo hacía ver, me sentaba con él y le daba guía. Dar guía y ser paternalista son cosas muy diferentes. El paternalismo nos sitúa en una posición de perdona-vidas que al destinatario no suele gustarle. Es un caso particular de autoritarismo. Siempre abogo por un trato de profesional a profesional.

La retroalimentación genera autoconocimiento. No sólo del colaborador, sino del propio líder. Porque la retroalimentación debe actuar en dos planos: no se trata solamente de que el jefe reconozca o corrija el trabajo del empleado. Se trata también de que el empleado transmita al jefe qué necesita para realizar su trabajo en las mejores condiciones.

El reconocimiento no debe ser ni gratuito ni arbitrario. Debe estar fundamentado en consecuciones reales.

Por otra parte, la retroalimentación correctora debe poseer, tanto en la forma como en el fondo, una clara orientación a corregir los errores, no a penalizarlos.

Normalmente el propio colaborador habrá sacado su propio aprendizaje del error. Es de necios solemnizar lo obvio. No nos recreemos. Extendámonos en las causas y consecuencias del error tan sólo en aquellos casos en que el colaborador no sea consciente de haberlo cometido. No le recordemos permanentemente que se equivocó.

Con Alberto me ocurrió algo realmente sorprendente: hacía medio año aproximadamente que se había incorporado y, una mañana en que yo estaba en el aeropuerto esperando tomar un vuelo, me llamaron de la empresa comunicándome un problema grave que estaba afectando a la producción. Si no lo solucionábamos con rapidez, tendríamos quejas y devoluciones de los clientes en los próximos días. Me entró un sudor frío. Era una incidencia realmente grave. Formaba parte de esas atribuciones técnicas que yo todavía mantenía y Alberto no estaba suficientemente preparado para hacerles frente. Sólo había otra persona que podía mínimamente hacerle frente... pero estaba conmigo en el aeropuerto. Hablé con el director de la planta para conocer su opinión sobre si debía anular mi vuelo. El viaje era importante para acabar de cerrar un acuerdo con un potencial cliente. Acordamos que debía continuar con mi vuelo.

En aquella época yo no viajaba demasiado, así que primero maldije la mala suerte de la coincidencia. Y, ante la certeza de que la maldición por sí misma no iba a solventar el problema, hice lo único que podía cabalmente hacer: llamar a Alberto. Le di un par de indicaciones sobre mi hipótesis de la causa del problema y crucé los dedos para que en el tiempo del vuelo hubiera podido solucionarlo. No albergaba demasiadas esperanzas. Embarqué, tomé mi asiento y abrí la novela que estaba leyendo por aquellos días. Leí el mismo párrafo varias veces, no conseguía concentrarme. Tan sólo un golpe de suerte o un milagro podían hacer que Alberto diera con la causa real del problema. Ni yo mismo tenía una idea clara de la solución. Le daba vueltas a mi cabeza para encontrar más hipótesis, pensando en poder aportar algo más certero que poder trasladar a Alberto tras mi llegada a destino.

Pero no di mentalmente con la solución... necesitaba estar físicamente allí para comprender mejor el problema.

Al aterrizar en Ámsterdam recibí un mensaje del director de la planta: «todo está bien ya, no te preocupes». ¿Se había obrado el milagro? ¿Mi maldición había surtido efecto y el maligno había desistido de sus retorcidas intenciones? No. Era mucho más simple: Alberto había dado con la causa.

Le llamé con una mezcla emocional de euforia e incredulidad. Me explicó cómo había dado con el origen del problema, la línea de investigación que había tomado y cómo esta le había conducido al feliz desenlace. No podía dar crédito a lo que estaba oyendo. Alberto se había adentrado en lugares conceptuales donde yo jamás le había acompañado todavía. Y había seguido el hilo hasta reconstruir la madeja, una compleja maraña, él solo. Recordé aquel dicho: «si hubiera sabido que era imposible, no lo habría logrado».

Sin el elemento confianza, Alberto no habría contado ni con las herramientas ni con la autopotestad de bucear en el problema. Sin el elemento exigencia, quizá habría optado por colaborar con el director de la planta en salir temporalmente del atolladero con algún parche de poco recorrido. La exigencia es el camino a la excelencia; lo demás son atajos que en la mayoría de ocasiones nos conducirán a la mediocridad o a la supervivencia. Sin el elemento *feedback* Alberto no habría sido consciente de sus fortalezas ni de sus debilidades.

El proceso de acompañamiento en la transformación de un diamante en bruto a un diamante brillante no está exento de obstáculos.

En cierta ocasión, Recursos Humanos me llamó la atención sobre la hora de entrada de Alberto. Solía llegar sobre las 9.30 de la mañana, mientras que el horario máximo permitido eran las 9.00. Alberto nunca tenía hora para salir del trabajo. No hacía falta que hubiera retos externos ni incidencias. Él mismo se autogeneraba retos y se marchaba cuando ya se sentía satisfecho. No se cobraban horas extras, así que la motivación no era económica. Era puramente intelectual. Con frecuencia le recordaba que debía atender más su vida personal y que nadie esperaba de él que hiciera horarios tan extensos. Incluso durante la noche o en fines de semana, Alberto aprovechaba huecos para seguir avanzando el trabajo remotamente desde su casa.

¿Cómo podía pedirle que cumpliera su hora de entrada ante esta entrega desinteresada que mostraba? Si lo hubiera hecho, él no lo habría entendido, le habría desmotivado –eso que las políticas de muchas empresas saben hacer tan bien–. Habría restado más que sumado. Por otra parte, sí que era conveniente darle a Alberto una llamada de atención sobre sus largos horarios laborales, por su propio bien. Debemos procurar que nuestros colaboradores tengan equilibradas sus vertientes profesional y personal. Pero no podía hacerlo sobre la base argumental de que llegaba tarde por las mañanas, sino sobre la base de su propio bien. Así lo comuniqué a Recursos Humanos, que no estuvieron muy de acuerdo con mi decisión. Me argumentaban el agravio comparativo hacia otros colaboradores. Les contra-argumenté que las personas somos inteligentes y, por tanto, el resto de colaboradores percibirán por sí mismos qué actos son justos y cuáles no –otra cosa diferente es lo que comentaran por los pasillos, pero no me preocupaba.

En Recursos Humanos fueron sensibles a la situación y me permitieron gestionarlo a mi manera. Siempre se lo agradeceré.

Reconozco la importancia de cumplir y hacer cumplir las políticas de empresa. Sin embargo, en casos excepcionales como el de Alberto, debe prevalecer la excepcionalidad. La no-desmotivación siempre es preferible a la rigidez normativa.

El especialista en gestión de personas

No nos engañemos. En la gestión de personas no hay fórmulas mágicas; lo que sí hay son una serie de aspectos que, aplicados de manera adecuada, es muy posible que produzcan los efectos deseados en nuestros colaboradores. Más tarde los abordaremos.

En este caso concreto podemos ver cómo el directivo ejerce un estilo de liderazgo participativo, fomenta la autonomía del colaborador, hace de guía e, incluso, de mentor. Todo ello produce como resultado que, cuando se presenta una situación complicada, Alberto fuera capaz de resolverla por sí mismo pese a que su propio jefe se sentía inseguro respecto de su capacidad.

Este tipo de inseguridades suelen ser habituales en los directivos con altos niveles de desempeño: llega un momento en que les resulta difícil encontrar colaboradores que les sigan el ritmo y que sean capaces de tener una línea de pensamiento similar a la suya. Como si de un padre se tratase, les cuesta reconocer que sus hijos vuelan solos y que tienen más capacidad de la que ellos creían. Esto le ocurre claramente al jefe de Alberto. Considera que sólo él y otra persona estaban capacitados para poder dar solución al problema surgido. Alberto queda excluido de este mérito.

Seguramente el hecho de que se encontrase en un avión sin posibilidad de intervenir ni interferir en la forma de actuar de Alberto fue clave para que este diese con el origen del problema. Alberto, al verse libre de cualquier atisbo de supervisión e, incluso, fiscalización, puso en marcha todas las herramientas aprendidas y pudo llegar a la raíz del problema.

En ocasiones los directivos tienden a pensar que sin ellos la oficina no funciona, y la realidad es que muchas veces funciona mucho mejor, dado que los colaboradores se sienten más libres para explorar sus propias soluciones sin la constante supervisión de su jefe. Qué duda cabe que, en esta situación, el bagaje profesional de Alberto en la empresa fue clave, así como el hecho de poder acceder a toda la información para poder hacerse una composición de lugar de la situación.

No es extraño encontrarnos con directivos que, bajo la excusa de mantener bajo custodia información confidencial, a duras penas son capaces de compartir información relevante con sus colaboradores. Durante muchos años se ha tendido a pensar que la información es poder y así ha sido en las organizaciones hasta hace bien poco. Sin embargo, la introducción de internet y las redes sociales han hecho saltar por los aires esta presuposición dado que la información está a un golpe de clic.

Reflexiones y sugerencias

¿Y cuáles son esos aspectos que pueden influir en el desarrollo efectivo de los empleados?

Básicamente son:

- Ejercer un estilo de liderazgo participativo, en el que los empleados sientan que pueden aportar sus ideas y que estas serán tenidas en cuenta. Lo opuesto –un estilo de liderazgo autoritario o paternalista– sólo conlleva a la creación de colaboradores desmotivados y poco interesados en compartir su talento con la organización. Sin embargo, no siempre es posible ejercer este tipo de liderazgos debido a diferentes factores, como es la cultura de la empresa o la falta de habilidad y de capacidades del directivo.

La cultura de las empresas juega un papel determinante en el desarrollo de los empleados. De poco sirve que el directivo ejerza una actitud abierta y colaboradora si, desde la dirección general de la empresa y desde la propia cultura de esta, se fomentan otro tipo de prácticas que reman en contra. Lo más habitual en este tipo de situaciones es que al final el directivo ceda a la presión del entorno y modifique su estilo de liderazgo para adaptarlo a la propia idiosincrasia de la empresa. Al final se trata de la propia supervivencia del directivo dentro de la empresa y de remar en contra de toda una cultura poco orientada a las personas que puede resultar insufrible.

La falta de habilidad de los directivos es otro de los grandes lastres de las empresas. Curiosamente, las personas que más y mejor deberían estar formadas son las que presentan las mayores carencias, especialmente en el ámbito de las habilidades personales. La buena noticia es que cualquier habilidad puede desarrollarse, con tiempo y práctica. Para ello es necesario partir del nivel actual de desarrollo de la habilidad en cuestión (estado presente). Y aquí encontramos ya el primer escollo: la falta de humildad de muchos directivos para aceptar que necesitan mejorar algunas competencias, en especial las relacionadas con la gestión de personas.

Una vez que hemos detectado dónde estamos, conviene marcarse a dónde queremos llegar (estado deseado) y qué herramientas voy a necesitar para poder llegar al objetivo marcado.

- Utilizar la retroalimentación de la manera adecuada, que puede tener un efecto motivador incalculable, bien utilizado. O un efecto desmotivador devastador, mal utilizado.

¿Qué características tiene la retroalimentación bien aplicada?

- Se centra en hechos objetivos y no en la persona. Es decir, se trata de que, a la hora de emitir una opinión, esta esté centrada sobre la conducta de la persona y los hechos y no en características personales.

- El *feedback* de mejora –aquel centrado en que la persona mejore una habilidad o un área de desempeño– conviene darlo, en la medida de lo posible, en privado, y tratando, además, de elegir el momento más adecuado. Se trata de tener sensibilidad hacia cómo puede sentirse la persona y, por lo tanto, empatizar con ella.

- El *feedback* de reconocimiento –destinado a felicitar el desempeño de la persona– es preferible darlo en público ya que la persona se sentirá reforzada y, además, servirá de ejemplo para el resto del equipo. Este tipo de *feedback* tiene innumerables ventajas. El efecto motivador que tiene es elevadísimo y su coste muy pequeño. Ahora bien, como cualquier otra habilidad, requiere de cierta práctica y hay que saberlo transmitir de manera adecuada.

- Emitir el *feedback* ajustado en el tiempo. Es decir, de poco sirve dar un *feedback* de reconocimiento cuando ha pasado un plazo largo desde que se produjo la situación que hay que reconocer. E igual ocurre con el de mejora. Si se quiere que la persona cambie algunos de sus patrones, es conveniente indicárselo en el momento en que se produce; de lo contrario, pierde toda su fuerza y queda diluido.

- Dar *feedback* de mejora ofreciendo alternativas y herramientas y no sólo criticando lo realizado. Esto es algo bastante habitual en las empresas. Decimos que no nos gusta algo pero rara vez decimos qué otras maneras de hacerlo existen. La tarea de un directivo no sólo es dirigir y gestionar, también es formar y transmitir conocimientos para que sus colaboradores puedan desarrollarse dentro de la organización. En definitiva, un directivo debe ser el *coach* de su equipo.

- Ser exigente, comunicando al colaborador el nivel de calidad requerido.

- Este punto es un tanto delicado. En ocasiones es delgada la línea que separa la buena ejecución de la mediocre. Y mucho más delgada todavía es la que, debido a una mala comunicación, hace que convirtamos una ejecución mediocre en excelente y viceversa. Respecto a esta mala comunicación podemos encontrarnos dos escenarios:

  - Por un lado, aquellos directivos que, pese a que los resultados distan bastante de lo esperado, prefieren, por no afrontarlo abiertamente con su colaborador, aceptar el resultado y cargarse con la responsabilidad de hacer las modificaciones necesarias.

  - Por otro lado, aquellos directivos que nunca parecen estar satisfechos con el desempeño de los colaboradores y que interpretan que la mejor manera de que estos den lo mejor de sí mismos es exigir lo que es prácticamente inalcanzable.

Obviamente ninguna de estas opciones es la adecuada ya que, en el primer caso, el colaborador no está recibiendo un *feedback* acorde a su desempeño y, por lo tanto, las posibilidades de desarrollo son escasas. En el segundo caso, el colaborador se sentirá desmotivado debido a que tendrá la sensación de que, por mucho que haga, nada será suficiente para estar a la altura de las circunstancias.

En ocasiones nos encontramos en las empresas empleados cuyo nivel de desempeño es excepcional y tienden a reinterpretar algunas normas de esta. No es que de forma consciente quieran saltarse las normas establecidas para el resto de la compañía. Es mucho más sencillo: es una reinterpretación muy personal sobre algunas cuestiones a las que no les dan tanta importancia. Este es el caso de Alberto con el horario de entrada. En la gran mayoría de las empresas existen unas directrices claramente establecidas en lo que a horarios y jornada se refiere. Algunas, las menos, consideran que lo importante no es tanto el cumplir una jornada sino los resultados obtenidos, con independencia de si se entra o se sale a una hora determinada. Y existen unas escasísimas organizaciones donde no existen horarios y donde se confía en la responsabilidad de los empleados en el cumplimiento de los objetivos. ¿Es mejor un sistema que otro? Todo depende de la cultura de la organización y sus valores. Qué duda cabe que es conveniente establecer ciertas directrices sobre todo si la cultura de la empresa respira en ese sentido. Ahora bien, que existan ciertas imposiciones no quiere decir que no se puedan contemplar excepciones a esas normas, sobre todo si existen otros factores que influyen para tomar esa decisión. La decisión puede resultar compleja e incluso originar una pequeña rebelión, ya que es poco probable que el resto de compañeros entiendan los motivos subyacentes a ese tipo de medidas. Es la política del café para todos que tanto daño hace a las organizaciones.

¿Es razonable dar a todos los empleados las mismas condiciones si su desempeño es claramente diferente? Rotundamente no. Esa es una de las razones por las que tenemos empresas con empleados poco motivados, porque el talento se trata igual que la mediocridad.

Es necesario empezar a diferenciar a los empleados por su desempeño y su nivel de excelencia, de tal manera que las empresas lancen el mensaje de que lo que se premia es la eficiencia y los resultados alcanzados, y no pretender mantener la equidad basada en ideas arcaicas y poco productivas.

En definitiva, se podría decir que la fórmula mágica no es más que saber combinar, de forma adecuada y en cantidad justa, algo tan sencillo y a la vez tan complejo como es la motivación de los empleados.

8 | El dilema de la actitud
Hasta dónde vale la pena hacer esfuerzos para desarrollar a un colaborador

> «Algunas personas enfocan su vida de modo que vivan con entremeses y guarniciones. El plato principal nunca lo conocen».
>
> José Ortega y Gasset

¿Alguna vez has intentado mejorar la predisposición en el trabajo de un colaborador asignándole tareas más retadoras? ¿Los colaboradores traen la actitud de casa o puedes influir en que evolucione a mejor? ¿Hasta qué punto eres responsable de su actitud? ¿Cuáles son los factores que te indicarán la dosis de esfuerzo que debes aplicar en cambiar la actitud de un colaborador, asumiendo que tal cosa sea posible? ¿Has padecido la frustración de no conseguir los resultados actitudinales que tú esperabas de tu equipo? ¿Cómo te sentiste? ¿Fracasado quizá, o más bien resignado o, incluso, traicionado?

Patricia trabajaba en una compañía bien posicionada en su sector, de unos 600 trabajadores, en el departamento de Desarrollo de Negocio *(Business Development)*. Sus funciones eran la captación y apertura de nuevos mercados y canales de distribución para los productos de la compañía. A pesar de que era una buena colaboradora, Daniel consideraba que todavía había mucho más potencial en Patricia que necesitaba emerger y que algunos matices de su actitud ante el trabajo requerían ser trabajados para alcanzar mayores cotas de excelencia.

En este capítulo hablaremos de las diferencias entre aptitud y actitud y de qué se valora en el desempeño diario de los colaboradores.

Asimismo analizaremos las ventajas y desventajas de que los colaboradores sean especialistas en un área determinada. Por último, invitamos al lector a que haga una reflexión sobre los juegos de poder que tan frecuentemente se dan entre las personas mediante la figura del triángulo dramático de Stephen Karpman.

El directivo

Ana y Patricia formaban parte del equipo que había heredado recientemente al cambiar de funciones en la compañía. Me llamó la atención sus diferentes caracteres y las tan distintas aproximaciones que cada una tenía ante las situaciones cotidianas.

Aunque bien podría decirse que sus comportamientos eran en gran medida antitéticos, les unía una excelente relación personal y un alto grado de responsabilidad ante el trabajo, no exenta de algunos matices que relataré.

Ana desplegaba un gran sentido del humor, con toques sarcásticos y divertidos. Calmada en sus movimientos corporales, reflexiva en su discurso y comedida en sus actos, siempre ofrecía una buena y sensata respuesta ante cualquier situación profesional y, si no la tenía, se preocupaba de conseguirla. Muy sociable y solícita, acumulaba una larga experiencia y amplios conocimientos profesionales. Atendía cordialmente a quien requería algo de ella, era asertiva y tenía una gran capacidad para decir no utilizando los argumentos y las formas adecuados. Sistemática y ordenada en sus pensamientos, sus presentaciones reflejaban alta competencia y calidad en el trabajo. No era de los miembros del equipo que más horas dedicaban, pero su productividad era de las más altas y podía, por tanto, permitirse marcharse siempre a su hora, a no ser que surgiera algún contratiempo, en cuyo caso solía aceptarlo resignada pero competentemente.

Por su parte, Patricia era una polemista nata, no tanto en la vertiente profesional sino principalmente en la personal. Solía sacarle punta hasta al más irrelevante de los comentarios. Era muy exigente con ella misma, con su trabajo y también con los demás. No le gustaba participar en las chanzas colectivas, lo cual era un rasgo muy ligado a su carácter reservado. Desplegaba un gran sentido de la territorialidad profesional: de la misma manera que respetaba el territorio de los otros, no toleraba que hubiera injerencias en el suyo. Este rasgo lo llevaba al extremo, desviando sistemáticamente aquellos asuntos o tareas que no le competían hacia las personas responsables de ellas. Mostraba un punto de aspereza con quien venía a consultar o a requerir algo de ella, pero se involucraba y era resolutiva. Eso sí, carecía de asertividad: si algo no le parecía bien lo acataba, pero refunfuñando y mostrando su cara menos amable, en lugar de exponer ordenada y serenamente sus motivos de disensión. Es probable que esto esté relacionado con el hecho de que no era una gran comunicadora ni tampoco contaba con grandes dotes pedagógicas. No hilaba discursos muy largos y se la notaba incómoda en el arte de la argumentación. A pesar de su falta de habilidades relacionales, era muy competente en su trabajo. Eso sí, la envolvía un aura permanente de irritabilidad. En especial le molestaba que surgieran contratiempos y se mostraba visiblemente malhumorada cuando ocurrían.

Interpreté el comportamiento de Patricia (su tosquedad, la territorialidad, la irritabilidad cuando las cosas se torcían) como una manifestación de insatisfacción profesional. Exploré las condiciones en que había desarrollado su trabajo antes de que yo ocupase la responsabilidad del departamento y descubrí que en el pasado le asignaban gran cantidad de tareas repetitivas y de baja complejidad. Se sentía desaprovechada y ella misma me confirmó que necesitaba más acción.

Atribuí el aura permanente de malestar de Patricia a la falta de retos motivadores y me formé la opinión de que era un talento desaprovechado. Concluí que una buena dosis de desafíos profesionales la satisfarían y emergería una profesional más centrada y serena, a la altura de la competencia que mostraba en los aspectos más técnicos.

Pocos meses después surgió la oportunidad que esperaba para Patricia, uno de esos retos que aparecen pocas veces en la vida profesional. Estaba hecho a la medida de sus competencias y capacidades. Aceptó encantada el reto, si bien, como buena polemista, discutió y presionó sobre algunos matices menores que no tuve inconveniente en aceptar.

Dada la importancia del reto, decidí seguir muy de cerca su desarrollo. Patricia destacó como la profesional eficaz que era y desde el primer momento identificó bien las personas y empresas colaboradoras con las que deberíamos contar para el proyecto, así como sus distintas fases e hitos.

Sin embargo, para mi sorpresa, detecté que asistía a las sesiones monográficas como una mera espectadora, tomando notas y simplemente haciendo resumen de las conclusiones finales. No participaba en los debates, no abría la boca. Cuando le hice notar este hecho, me contestó con un lacónico «yo sobre ese tema específico no tengo conocimientos». Le repliqué diciendo que me resultaba extraño que no tuviera opinión ni en ese ni en ningún otro tema, exceptuando los directamente relacionados con su área de especialidad, y que no cuestionara algunas afirmaciones de otros miembros del proyecto. Aun así todo iba funcionando bien en tiempo y forma, y no quise profundizar más en este asunto.

El resultado final fue correcto, aunque no excelente. Por una parte, me sentí satisfecho con el trabajo realizado, correctamente diseñado y ejecutado. Pero tuve la sensación de que, aunque las decisiones que se tomaron fueron adecuadas, Patricia no exploró si podía haberlas mejores. No se sentía cómoda en la interacción grupal y las dificultades le incomodaban. ¿Era esto algo diferente a lo que desde el principio observé en ella? No, todo era exactamente igual. Para mi disgusto, nada había cambiado: seguía con su actitud de siempre.

Algo me decía que había malinterpretado las señales de Patricia y que, más pronto que tarde, se volverían en mi contra. De no haber interferido yo en el curso de las cosas, la responsabilidad de gestionar ese proyecto habría recaído, de manera natural, en Ana: por capacidad técnica y, sobre todo, por voluntad y predisposición. Ana aunaba aptitud y actitud, tan sólo ensombrecida por su tendencia a la rigidez en el cumplimiento de su horario; Patricia destacaba en la aptitud, no así en la actitud, pero no presentaba rigideces horarias. Me había equivocado: Ana era mejor opción. Y, además, sentí que Patricia estaba en deuda conmigo por haberle dado esta oportunidad y haber contribuido a su crecimiento profesional en detrimento de Ana, que mostraba mejores competencias globales.

El mal humor de Patricia no cambió durante el proyecto ni tampoco al volver a sus funciones habituales. No me corresponde a mí indagar en su pasado o en su presente psicológicos. Pero estaba claro que no eran los cambios en su situación laboral lo que conduciría a su satisfacción personal. Recordé que no se puede contentar a quien nunca estará satisfecho.

Sentía que Patricia me debía algo. Sentirse acreedor nunca es oportuno en el ámbito laboral, porque genera dinámicas poco saludables. Y menos todavía cuando la otra persona no te pidió contraer la deuda. Patricia no me estaba pidiendo funciones más desafiantes sino que fui yo quien interpreté mal las señales.

¿Volvería a hacer lo mismo en otra situación similar, es decir, dar oportunidades de crecimiento a pesar de que existan personas más adecuadas? Probablemente sí. Todos necesitamos oportunidades, siempre que coexistan capacidad y voluntad. Precisamente esa fue una de las lecciones aprendidas de esta experiencia: hay que leer bien las señales que nos lanzan nuestros colaboradores. Otra lección que extraje es que no hay cabida para la sensación de acreedor en el liderazgo. Tomamos las decisiones que tomamos porque creemos que son las mejores. El liderazgo no consiste únicamente en la gestión correcta de las certezas sino, y sobre todo, en el manejo de la incertidumbre. Y somos responsables de los resultados.

El especialista en gestión de personas

¿Nos quedamos con la aptitud o con la actitud?

Querido lector:

Si usted hubiese estado en el lugar y la situación de Daniel, ¿qué opción habría elegido? ¿A Patricia, aparentemente ávida de nuevos retos, eficaz pero con ciertas dificultades en la interacción social? ¿O mejor a Ana, con grandes habilidades sociales, competente en su trabajo a pesar de no prolongar su jornada de trabajo más allá de su horario, lo cual podría interpretarse como una cierta falta de compromiso? Seguramente el lector dirá: «una mezcla de las dos», «lo mejor de cada una».

Efectivamente, ese sería el empleado ideal en un mundo ideal. Sin embargo, la realidad de nuestras empresas nos recuerda que estos perfiles, representados por Ana y Patricia, son muy habituales. Es el eterno dilema entre aptitud y actitud.

Hagamos un poco de pedagogía y recordemos qué entendemos por aptitud: hace referencia a los conocimientos, habilidades de carácter técnico que aprendemos y desarrollamos en el puesto de trabajo o a través de una formación específica. Es decir, tiene que ver con saber hacer. Difícilmente podrá alguien realizar la contabilidad de una empresa si no dispone de los conocimientos técnicos necesarios, por muchas ganas y empeño que le ponga.

Ese empeño y buena predisposición para hacer algo tiene que ver con la actitud. Es la motivación que todos tenemos para llevar a cabo una acción. Es decir, actitud es querer hacer.

Puede resultar llamativo el hecho de que sea frecuente encontrarnos con directivos que valoran mucho más la actitud a la aptitud de los colaboradores. ¿A qué puede deberse esto? Muy sencillo: las aptitudes pueden ser aprendidas a través de la formación técnica especializada, desarrollados y puestas en práctica con la experiencia, y perfeccionadas con el uso continuo. Sin embargo, la actitud está ligada de forma intrínseca a la motivación. Y esto es algo que difícilmente la persona modificará si no tiene motivos para ello.

Esa es la principal razón por la que los directivos prefieren colaboradores con una actitud abierta y receptiva, aunque tengan carencias en algunas de sus aptitudes. Es por ello que en ocasiones confían una tarea nueva y desafiante a un colaborador que no dispone de la preparación necesaria pero sí de la actitud para llevarla a cabo, en detrimento de otros que sí pueden estar más preparados a nivel aptitudinal. Aquí Daniel optó por ir contracorriente, porque dio prioridad a otro factor: dar oportunidades.

Cuando un directivo muestra su preferencia por aspectos actitudinales, sus decisiones son difícilmente comprensibles por parte del equipo. Los colaboradores tienden a centrarse en las habilidades y los conocimientos, dejando a un lado, e incluso subestimando, el poder de la actitud. Por lo que no es extraño escuchar comentarios del estilo «fulanito no está preparado para esa tarea», «yo estoy más capacitado», cuando se toman decisiones basadas en la actitud y no tanto en la aptitud.

En la experiencia relatada por Daniel podemos ver cómo las escasas habilidades de comunicación de Patricia le hacen que tenga ciertas dificultades a la hora de gestionar el proyecto. Si a esto le sumamos su actitud y poca iniciativa a cambiarla, hace que la sensación final sea un tanto pobre.

Cabe destacar aquí uno de los argumentos esgrimidos por Patricia para escudarse de su escasa interacción social en las reuniones: «no tengo conocimientos sobre el tema». Es decir, la falta de una visión global del proyecto. Es cierto que no podemos saber de todo. Normalmente somos especialistas en unas pocas áreas y, como mucho, disponemos de conocimientos generalistas sobre algunas otras. Sin embargo, esto no es óbice para que podamos tener criterio sobre asuntos relacionados con nuestra función.

Pongamos por ejemplo la tarea de un director general: muy posiblemente no conozca todas las áreas de la empresa con el mismo nivel de detalle que el responsable de la misma, pero sí tiene una visión global de esa y otras áreas que le permiten tener un criterio. Y, cuando necesita de más detalles, puede recurrir a informes concretos o sesiones con especialistas de ese tema.

Es decir, el hecho de no disponer de todos los conocimientos no es un obstáculo para poder realizar una buena gestión. En este caso concreto ha pesado más la actitud de Patricia, al decidir quedarse al margen cuando considera que no dispone de conocimientos. Es una actitud más propia de un colaborador que de un gestor o un responsable, lo cual no hace sino reforzar la idea de que posiblemente Daniel malinterpretó las señales sobre la necesidad de Patricia de nuevos retos.

Reflexiones y sugerencias

Ventajas de no ser especialista en el asunto del que somos gestores y, por tanto, responsables de los resultados:

- El hecho de no disponer de todos los conocimientos puede suponer que la persona tome una decisión basándose en todos los aspectos del asunto, en vez de centrarse en aquellos que domina. Si hay algo que nos sucede a todos cuando somos especialistas en algo, es que queremos demostrar que somos los que más sabemos del tema y, por tanto, podemos perdernos dentro de esa vorágine de análisis. Es lo que se llama la parálisis por el análisis.

- Una segunda ventaja es que, al no dominar todos los aspectos, dará cabida a los miembros del equipo con conocimientos más sólidos para que le iluminen en aquellas áreas más débiles. Por lo tanto, supondrá una mayor participación y protagonismo del resto de los colaboradores. Y aumentará su autoridad ante el grupo.

- Una última ventaja consiste en que la persona responsable de la gestión lo puede percibir como un reto y, por lo tanto, trabajará para alcanzar los objetivos marcados. Si detecta carencias en alguna habilidad concreta, es probable que trate de compensarla mediante formación, asesoramiento, *coaching,* autoaprendizaje, etc. En definitiva, es una ocasión para poner a punto aquellas habilidades que se han podido quedar un poco oxidadas.

Veamos ahora algunas posibles desventajas:

- La persona puede sentirse insegura y, por lo tanto, bloquear el proyecto con su falta de decisión. El hecho de no dominar algunos aspectos puede hacer que retarde las decisiones para disponer de toda la información posible y, así, tener la falsa percepción de asegurar los resultados. Parálisis por análisis.

- Si la persona es especialista en un asunto en concreto, puede centrarse en eso en perjuicio del resto de aspectos del proyecto. A las personas nos gusta sentir que nuestras ideas son apreciadas y valoradas, con lo que la tentación de centrarse en lo que se domina es alta.

- Es posible que trate de menospreciar las aportaciones de sus colaboradores para ocultar que no sabe de esos temas, con lo que tendrá una visión poco objetiva e incompleta del proyecto. Y disminuirá su autoridad ante el grupo.

¿Qué se puede hacer cuando nos han designado responsables de un asunto, proyecto o departamento, para el que carecemos de gran parte de las habilidades técnicas del mismo?

1. Lo fundamental es hacer un ejercicio de humildad y reconocer que no se tienen todos los conocimientos para, a continuación, dar la posibilidad al resto del equipo de que participen y aporten sus conocimientos en beneficio del objetivo común.

2. Escuchar mucho y preguntar cada vez que queden dudas. La época del colegio, en la que no nos atrevíamos a levantar la mano por vergüenza, afortunadamente ya pasó.

3. Demostrar que no se sabe de algo es un ejercicio de madurez profesional y de humildad que dice mucho de quien lo practica.

4. Aprovechar la falta de conocimientos para ampliar el campo de visión y la perspectiva. No hay nada mejor para acelerar nuestro autoaprendizaje que tener que ponerse al día en una materia de la que tenemos pocos conocimientos.

Una cuestión interesante que queremos tratar aquí es la reacción del directivo, Daniel, ante la oportunidad concedida y el resultado final.

Tal y como relata, permaneció en él una sensación de acreedor. Sentía, en cierta forma, que Patricia estaba en deuda con él por la oportunidad otorgada y que no se lo agradeció como era debido. Los directivos tienen la responsabilidad de conocer a su equipo de colaboradores y, por lo tanto, extraer lo mejor de cada uno. Es lógico que dentro de esa función se trate de dar oportunidades a personas que están en el equipo y que pensemos que reúnen condiciones para llevar adelante un proyecto de forma exitosa.

Cuando un colaborador no ha llevado a cabo una determinada tarea con anterioridad, su desempeño ante el reto no deja de ser una incógnita. Sin embargo, siempre contamos con indicadores que nos pueden adelantar un posible resultado.

En este caso hubo una serie de señales que Daniel pasó por alto:

- El constante afán de Patricia por polemizar puede ser un indicativo de sus dificultades a la hora de gestionar a otras personas. ¿Hasta qué punto un responsable que se dedica a cuestionar y poner en duda las decisiones y opiniones de otros compañeros y colaboradores va a tener la apertura mental necesaria para aceptar puntos de vista diferentes en su equipo? Difícil de valorar, pero no deja de ser un claro indicativo de una cierta resistencia a aceptar que los otros tienen puntos de vista diferentes, interesantes y válidos.

- ¿Realmente Daniel hizo una valoración adecuada de las necesidades y expectativas de Patricia? A la vista está que no. En este caso Daniel proyectó sobre Patricia sus propios pensamientos. La proyección es un fenómeno que todos realizamos, sólo que lo solemos hacer de manera inconsciente. Es el mecanismo mediante el cual atribuimos a otra persona pensamientos, opiniones y sentimientos que nos son propios. Es posible que Daniel, con la información que disponía de Patricia, decidiera que la causa de su carácter era debido a que había tenido funciones poco relevantes y que él en su misma situación se habría sentido igual. Es decir, proyectó sus propios pensamientos y no llegó a explorar más en las verdaderas razones de Patricia. Esto es algo muy habitual, tanto dentro como fuera de la empresa. Y a la vista está que esa no era la causa de la actitud de Patricia.

- Y, lo más importante, ¿quería Patricia asumir esa responsabilidad? Nuevamente volvemos a la cuestión de la actitud que hablábamos al principio. No sabemos si Patricia quería llevar a cabo ese reto, pero a la vista de los resultados podemos deducir que no estaba especialmente motivada para ello, por las razones que fuera.

¿A qué se debe la sensación de acreedor de Daniel para con Patricia?

Me gustaría hacer un inciso para hablar sobre el triángulo dramático de Stephen Karpman. Este triángulo representa tres roles: víctima, salvador y perseguidor. Los humanos vamos saltando de un rol a otro, de forma inconsciente y repetitiva, mediante interacciones verbales y conductuales. Son juegos psicológicos aprendidos en nuestra infancia y que de adultos, y también como profesionales, repetimos.

El objetivo no es otro que la búsqueda de la aceptación y del afecto por parte de los demás y, para ello, la persona pivota entre estos tres roles en función de las personas con las que interactúa y el papel que esté asumiendo su interlocutor en ese momento.

Así, en este caso concreto, podemos apreciar victimismo en Daniel al sentir que Patricia estaba en deuda con él por el reto que le había ofrecido. Y, previamente a esto, podemos apreciar su rol de salvador al decidir que la causa del carácter de Patricia era la falta de retos en su puesto de trabajo y, por ello, decide darle una oportunidad. Claramente la decisión de Daniel estaba influida por el rol de salvador para, seguramente, reafirmar su posición de liderazgo con una persona con la que la relación era algo complicada.

¿Cómo salir de este triángulo? Acey Choy propone el triángulo del ganador, que reúne estos tres roles: asertivo, empático y vulnerable; en sustitución de la víctima, el perseguidor y el salvador. En definitiva, se trata de cambiar roles y conductas que son claramente perjudiciales y no nos ayudan, por otros mucho más beneficiosos.

Supongo que el lector habrá notado que los tres roles del triángulo del ganador son características propias de un líder. De un líder esperamos que sea asertivo, capaz de expresar sus opiniones y emociones de forma clara y sin herir a los demás; que sea empático y, por tanto, pueda identificar y gestionar las emociones de los otros; que sea vulnerable, entendido como que reconozca que falla, que se equivoca, que sufre, que ríe, que llora. En definitiva, que es humano y capaz de gestionar personas.

¿Te has reconocido en alguno de estos roles?

Cuarta Parte
Gestión de la motivación

9

El dilema de la motivación del jefe
Cuando el líder pierde la motivación

«Cuanto más practico, más suerte tengo».

Gary Player

¿Has heredado alguna vez un equipo? ¿Has constatado las diferencias existentes entre crearlo y heredarlo? Si lo heredaste, ¿te lo pusieron fácil? ¿Conseguiste un equipo armónico? ¿Cuáles son los ingredientes de la armonía? ¿Y por qué es importante? ¿Perdiste la motivación alguna vez? ¿Qué diferencias constataste desde ese momento? ¿El equipo se quebró o continuó funcionando con normalidad? ¿Qué significa cada uno de esos posibles efectos?

Daniel tuvo la fortuna de heredar un equipo que se lo puso fácil. La central mundial de una firma con amplio liderazgo de mercado en su sector le puso al frente del área de Organización en una de sus filiales de unos 300 trabajadores. Su misión era dotar de músculo organizativo a la filial para hacer frente, de forma eficiente, a los retos que la competencia y la difícil coyuntura económica ponían a la firma en ese país. Durante un largo período se apoyó en el buen hacer actitudinal y aptitudinal de sus colaboradores para generar un equipo todavía más sólido. Todo funcionaba bien, quizá demasiado bien. Pero un día llegó el desánimo. Daniel entró en un bucle de desmotivación del que no conseguía desprenderse. Y pudo observar los efectos que su estado de ánimo provocaba en los miembros de su departamento. Constató, entre otras muchas cosas, que las emociones son contagiosas, tanto las positivas como las negativas.

En este capítulo trataremos las diferencias entre trabajo en equipo y trabajo en grupo. También daremos pautas sobre cómo gestionar equipos heredados y no morir en el intento. Hablaremos de las dificultades y situaciones más habituales que se puede encontrar un directivo que acaba de ser asignado a un equipo de trabajo y de las posibles herramientas para hacerles frente.

El directivo

Elena dijo: «no estoy de acuerdo». Y a mí me salió una espontánea exclamación de júbilo: «¡Bien! Ahora vamos por el buen camino!».

Esta escena forma parte de las primeras semanas de gestión de un equipo al que tuve la inmensa fortuna de liderar durante tres años.

Mi primer objetivo con ellos y ellas fue fomentar la participación. Es muy habitual que se generen silencios ante un jefe nuevo. No existe un camino único y trazado para romper esa barrera. Se puede conseguir de diferentes maneras y con diferentes técnicas. Pero hay dos ingredientes fundamentales, que además se retroalimentan positivamente: cercanía y confianza. Una cosa es expresarse y otra expresarse abiertamente. La primera se consigue con técnica y no garantiza que lo que se diga sea lo que se piense; y la segunda se consigue, por encima de todo, con cercanía y confianza.

Siempre que las intervenciones discurran por senderos de respeto y cortesía, no debe importar lo que se diga, no debe importar lo que se opine. Apliquemos los «nunca nadie»: nunca nadie debe sentirse ignorado; nunca nadie debe sentirse ninguneado; nunca nadie debe sentirse reprendido por lo que diga; nunca nadie debe sentirse idiota por nuestra causa. Y apliquemos el «todos siempre»: todos siempre deben sentirse valorados.

No vale excusarnos en que las emociones son subjetivas y lo que a uno le sirve puede no valer para otro. Tratándose del plano emocional, ¡claro que todos somos diferentes! Pero como líderes es nuestra obligación descubrir las palancas emocionales de nuestros colaboradores. Si con alguna persona en nuestros equipos no podemos practicar los «nunca nadie» ni el «todos siempre», planteémonos dónde radica el problema y si debe seguir en nuestro equipo o no.

Cuando conseguimos la participación, todo fluye. Y genera retos adicionales para el líder, porque tendrá que gestionar la diferencia. Pero el resultado final siempre será infinitamente más rico que una decisión tomada desde el solipsismo, no solamente porque nos enriquecerá en el plano intelectual sino porque también aumentará el sentimiento de pertenencia del equipo.

La primera mitad de mi etapa con el equipo fue una delicia. Disfrutábamos antes, durante y después de cada proyecto. Celebrábamos los éxitos y corregíamos los fracasos. Teníamos muchas ganas de construir juntos. Las oportunidades no escaseaban y pudimos canalizar esa efervescencia.

Cuando lideramos un equipo en el que se aúnan colectivamente los términos voluntad y capacidad (ingredientes del talento), nos gustaría pensar que es debido a nuestra gestión. No siempre es así. En ocasiones, el factor suerte o el factor historia ponen ante nosotros a un grupo de personas singular y especial, como me ocurrió a mí.

No tengo la sensación de haber sido el artífice de lo que construimos y conseguimos juntos en esa primera mitad. A lo sumo –y ya es mucho decir–, me identifico con aquel escultor que decía que la figura estaba dentro de la piedra y que su función era solamente quitar lo que sobraba.

Se manifestaron de forma natural los sombreros del pensamiento. Contaba en mi equipo con miembros pertenecientes a cada uno de los seis tipos de pensamiento o Six Thinking Hats que conceptualizó el psicólogo Edward de Bono (Malta, 1933) en forma de sombreros de colores. De Bono acuñó también el término «pensamiento lateral» o *lateral thinking,* una característica prevalente en las culturas de raíz anglosajona, y precursora de lo que después se llamó *thinking out of the box* [pensar más allá de los límites mentales que nos ponemos de forma inconsciente].

Los seis sombreros del pensamiento son:

- Sombrero negro: el del juicio crítico, el que siempre ve la parte negativa de las cosas. Mr/Mrs «No».

- Sombrero amarillo: contrario al negro, busca y ve la parte positiva de las cosas. Mr/Mrs «Por qué no».

- Sombrero rojo: el emocional, el que favorece y persigue la cohesión del grupo, el que da mucha importancia al bienestar emocional. Expresa sus sentimientos con facilidad. Mr/Mrs «Siento/percibo que...».

- Sombrero blanco: el de los hechos y los datos; no se involucra emocionalmente ni se posiciona; es neutral, tan sólo expone datos. Mr/Mrs «Estos son los datos».

- Sombrero azul: es el organizador, el facilitador, el que da contexto y resume conclusiones, el que reorienta la discusión cuando se desvía el foco, el que controla los tiempos y cataliza la participación. Mr/Mrs «Por dónde íbamos».

- Sombrero verde: es el creativo, el del pensamiento lateral, el que dice las cosas por el mero hecho de provocar o de ver a dónde conduce esa idea. Mr/Mrs «Y si...».

No suelen existir sombreros puros, lo cual nos permite poder adoptar uno u otro según las circunstancias. En un proceso de toma de decisión es importante rodearse de personas con diferentes sombreros o con la habilidad de cambiar el sombrero cuando es necesario. No existen equipos excelentes donde todos los integrantes tengan un mismo perfil. Deben ser como las piezas de un puzle. Se deben complementar y encajar.

Identifiqué las oportunidades para cada miembro del equipo, aquello para lo que estaban mejor preparados. Y, en consecuencia, se asignaron las responsabilidades. Creo que en general funcionó bien.

Y, cuando al principio hablaba del factor suerte o historia, es aquí donde se manifestó con más claridad: fue muy fácil conseguir esas transiciones. Si el equipo hubiera estado en contra, habría costado mucho más llevarlas a cabo.

Pero no todo fue un lecho de rosas en esa primera etapa. Por ejemplo, detecté un problema de cohesión entre dos grupos funcionales del departamento. La cohesión es importante porque genera armonía y esta genera mayor y mejor rendimiento y, por tanto, mejores decisiones. Es extremadamente importante contribuir a un clima armónico. No se puede conseguir exigiendo sentimientos a nuestros colaboradores. No tiene ningún sentido. Los sentimientos forman parte de ese arcano llamado «química personal», que o se da o no se da. Hay un dicho anglosajón que dice que se puede forzar a un caballo a acercarse a la orilla del río, pero no conseguiremos hacerle beber. Lo que podemos y debemos exigir son comportamientos, que forman parte de nuestro Ser social. A través de catalizar y exigir esos comportamientos, entre todos conseguimos que los dos grupos se cohesionasen. Conseguimos crear un equipo armónico.

La segunda mitad fue diametralmente opuesta a la primera. Por una mezcla de motivos personales y profesionales fui perdiendo la motivación de manera gradual. Busqué fuentes de motivación alternativas que compensasen mi estado de ánimo. Pero no lo conseguí. Cuando algo así nos ocurre ocupando un cargo de responsabilidad, no solamente se ve afectada la compañía y desperdiciada nuestra carrera profesional, sino que también contribuimos a que nuestros colaboradores se estanquen en la suya. Era lo que más me torturaba. Y me faltó la valentía para marchar.

Como consecuencia de ello, perdimos muchas oportunidades por el camino. Gran parte de lo conseguido al principio en lo que respecta al desarrollo del talento se mantuvo por inercia. Cada miembro ejercía con responsabilidad sus funciones porque eran unos profesionales excelentes, pero ya no había duende. Y constaté un fracaso en mi liderazgo: la cohesión entre ambos grupos funcionales, esa que con tanto ahínco me esforcé en conseguir, se esfumó. Volvieron a crearse dos bandos. Algo hice mal. Me di cuenta de que en realidad no se habían cohesionado nunca. Era yo el cemento. Al erosionarse el cemento, el edificio cayó. Hubiera sido un éxito si, a pesar de mí, la cohesión se hubiera mantenido.

Los efectos de un liderazgo aletargado pueden llegar a ser muy nocivos.

A pesar de esa mala segunda etapa, guardo un muy buen recuerdo de los integrantes del equipo y de lo que conseguimos y aprendimos juntos. Les estaré eternamente agradecidos por lo fácil que me lo pusieron, por las ganas que le inyectaron, por la búsqueda incesante del duende. Espero haberles influido tan sólo una cuarta parte de lo que ellos influyeron en mí.

El especialista en gestión de personas

Considero muy conveniente empezar haciendo una reflexión sobre trabajo en equipo y trabajo en grupo.

Hoy en día la utilización del término «trabajo en equipo» está ampliamente extendida dentro del vocabulario de las organizaciones. Es habitual encontrarse en numerosas ofertas de empleo que uno de los requerimientos que se pida es que el candidato tenga experiencia y que tenga habilidades para trabajar en equipo. Sin embargo, la realidad de muchas organizaciones es que la etiqueta «trabajo en equipo» acaba siendo más bien un «trabajo en grupo». Si bien es cierto que muchas empresas hablan de la importancia de que los colaboradores trabajen en equipo, muy pocas son las que dotan a sus equipos de colaboradores de los conocimientos y las herramientas necesarias como para poder fomentar el trabajo en equipo.

¿Cuáles son las diferencias entre trabajo en equipo y trabajo en grupo? La principal reside en que los empleados que trabajan en equipo comparten valores.

Todas las personas manejamos a nivel inconsciente una serie de valores personales que son nuestro motor y lo que dota de sentido a todo lo que hacemos. Así, es poco probable que hagamos algo que va en contra de uno de nuestros valores, en especial si consideramos que es uno de los intocables.

Muchas de las causas del escaso éxito de los equipos es que los colaboradores siguen manejando su propia escala personal de valores sin que como equipo hayan hecho una puesta en común y consensuada de los valores de este. Por eso, una de las principales tareas que hay que realizar a la hora de constituir o llegar a un nuevo equipo es hacer una definición de sus valores. Esto dará dirección, sentido y razón de ser al nuevo equipo que se está creando. Por decirlo de alguna manera, las reglas del juego estarán claras para todos. La definición de valores del equipo es una fase crítica en el proceso de formación del mismo. Si hay grandes disensiones respecto a los valores, es posible que el equipo no funcione de forma cohesionada sino que serán un grupo de personas con unos objetivos y tareas comunes.

Otra diferencia es que en el equipo hay una persona que actúa como líder o coordinador, pero funcionar sin la figura de este. Cada miembro tiene claro cuáles son sus funciones y responsabilidades y no es necesario que haya una persona que supervise hasta el más mínimo detalle de las tareas realizadas. Es decir, hay una total confianza entre los miembros. Tal es la confianza generada que el rol de líder del equipo podría ser asumido por cualquier miembro, en función de la necesidades del proyecto. Es decir, tendría un liderazgo colaborativo y compartido. Los miembros de un equipo no realizan tareas sino que se comprometen con el resultado global del proyecto. Lo importante no es la realización de las tareas asignadas sino la consecución de las metas establecidas y, para ello, todos los miembros participan y colaboran.

En el caso de los equipos, hay un sentimiento de pertenencia, así como lazos afectivos entre los miembros. En cambio, en el grupo, sólo son varias personas que trabajan de forma conjunta en las tareas encomendadas. Es por ello que hacerse cargo de un departamento que ya está formado y funcionando, aunque sea a trancas y barrancas, suele resultar un reto hasta para el gestor más experimentado.

Y ello por varias razones:

- Los colaboradores están acostumbrados a la forma de dirigir –a veces, incluso, de no dirigir– del anterior responsable. Aunque el cambio, en principio, pueda parecer que es a mejor, no deja de ser una situación nueva para los miembros del equipo. Por eso necesitan darse y darle al recién llegado un tiempo de confianza para poder ver de lo qué es capaz, o no, de hacer. Es por ello que, en esta primera fase de formación del equipo, el nuevo jefe es visto como una amenaza que necesita ser analizada por el resto de los miembros. Las comparaciones con el estilo del predecesor son habituales, tanto para bien como para mal.

- El responsable recién llegado se encuentra con un equipo que ya está formado desde hace algún tiempo y funcionando, aunque su funcionamiento no sea el óptimo. Pero suelen ser personas que se han adaptado a trabajar de forma conjunta. Esto no implica que todos los miembros tengan un nivel de desempeño deseable o necesario, o que sus habilidades y competencias sean las requeridas para ese nuevo equipo. Es ahí donde el responsable debe tomar la difícil decisión de forzar la salida de algunas de estas personas o tratar de que estas se adapten al nuevo estilo y dirección. Es este uno de los momentos más complicados de la persona que acaba de hacerse cargo ya que, sin la debida habilidad, puede transformar un equipo con un funcionamiento aceptable en una batalla campal entre sus miembros.

- El nuevo líder necesitará ganarse la confianza del equipo y ahí tendrán una gran importancia las experiencias vividas antes por sus miembros: si su experiencia ha sido negativa, lo más probable es que les cueste confiar en el recién llegado. Las personas solemos mostrarnos desconfiadas ante nuevos jefes que llegan con ganas de demostrar lo que valen y con hambre de resultados. Es por eso que la comunicación debe ser lo más fluida posible y, sobre todo, el nuevo líder debe mostrarse coherente con lo que hace y dice. Cualquier paso atrás en este sentido tirará al traste la incipiente confianza que se pudiese estar generando en el equipo. Saber manejar las emociones y los silencios de los colaboradores resulta fundamental en este momento.

Reflexiones y sugerencias

Quiero hacer un pequeño paréntesis para hablar sobre el hecho de heredar un equipo. ¿Qué hago si me pongo al frente de un equipo que no he creado yo? Esta situación es la más habitual. De hecho, difícilmente se podrá llegar a una empresa y crear el propio equipo. Normalmente está ya constituido. Ahí es donde entran en juego las capacidades del directivo para ganarse su autoridad. Estas son algunas pautas útiles:

- Darse tiempo para conocerse mutuamente. Eso significar tomarse su tiempo, conversar sin prejuzgar y actuar con ánimo de evaluar las verdaderas capacidades de los miembros, sin interferencias. En ocasiones se tiende a dar mucha información al recién llegado y dentro de ella están comentarios subjetivos y personales de algunos de los miembros del equipo, del estilo «pues a Fulanito ya lo quería despedir el anterior jefe», «Menganito es el mejor, con él puedes estar tranquilo», «a Zutanito no le gusta trabajar fuera de su jornada de trabajo». Este tipo de observaciones supuestamente bienintencionadas, que suelen dejarse caer como quien no quiere la cosa, van calando en el directivo recién llegado y, salvo que tenga una gran capacidad de abstracción, lo más habitual es que le influyan y le condicionen.

- Fomentar la comunicación tanto ascendente como descendente con sus colaboradores. Que estos vean que el directivo es accesible y que la comunicación fluye.

- Evitar tomar decisiones precipitadas y poco meditadas en los primeros meses, ya que pueden ser fruto de la poca información manejada e, incluso, influida por el entorno.

- Tratar de sacar lo mejor de cada empleado como si lo hubiese contratado él o ella. Sólo en el caso de que, tras un período de tiempo razonable y con argumentos objetivos, se valore que un miembro no encaja en el equipo, prescindir de esa persona.

- Volviendo a la experiencia relatada por Daniel, todo apunta a que el equipo funcionó como tal durante algún tiempo, aunque con algunas disfunciones:

- Se trataba de un equipo muy enfocado en la figura del líder. De hecho, en el momento en que su nivel de compromiso e implicación disminuyó empezaron a aflorar tensiones entre las dos facciones del equipo. En este caso habría sido preferible haber fomentado que emergiesen nuevos líderes naturales dentro del equipo, que pudiesen hacerse cargo de este en determinados momentos.

- El hecho de que dentro del equipo estuviesen representados los seis sombreros del pensamiento no garantiza el éxito. Sólo implica que existen múltiples puntos de vista, lo cual es un buen augurio para la consecución del proyecto, pero no es suficiente. Habría sido conveniente explorar los valores como equipo y ver si todos los compartían.

- Cuando en un mismo equipo existen varios grupos es vital detectar cuáles son las causas que motivan esa diferencia y centrarse más en lo que los une y no tanto en lo que les separa. Suele ocurrir que los miembros del equipo tienden a esconder sus intereses personales en determinados momentos del proyecto, pero estos terminarán por emerger si no han sido suficientemente bien atendidos.

¿Hasta qué punto la falta de motivación del líder del equipo afectó a la desintegración del mismo? Mucho, ya que como ha quedado patente en el relato, la persona que hacía de pegamento del equipo era precisamente el líder del mismo. Este tipo de situaciones son frecuentes en las empresas. Jefes o líderes de equipos que han perdido la motivación y siguen funcionando por inercia. En el mejor de los casos, habrán emergido liderazgos naturales que, de forma alternativa, irán asumiendo la dirección del equipo hasta que el líder formal encuentre nuevamente fuentes de motivación. Vaya por delante que soy de la opinión de que cada uno es responsable de su motivación. Término que, para ser más correcto, debería ser automotivación.

Realmente resulta muy difícil motivar a alguien que no quiere estar motivado o que ha perdido la ilusión por el proyecto. Para quien no sea capaz de encontrar dentro de sí mismo esa nueva fuente de motivación, será complicado que pueda encontrarla fuera. Eso no es óbice para que, en un momento dado y a través de un proceso de acompañamiento personal como el *coaching,* una persona ajena al equipo pueda llegar a enseñarle cómo buscar su motivación.

En el peor de los casos, y a falta de nuevos líderes en el equipo, normalmente termina por desintegrarse y volver a ser un grupo de personas condenadas a llevar a cabo un proyecto común.

¿Qué habría sido lo más conveniente para el equipo en esos momentos?

Muy probablemente lo más honesto habría sido que el jefe del equipo se hubiese replanteado su situación en la empresa, aunque esas decisiones son poco habituales dado que es el propio líder el que tarda en darse cuenta de la situación en la que se encuentran él y su equipo. Y, cuando ya se es consciente del estado emocional y funcional del equipo, las relaciones están tan deterioradas que resulta difícil poder reconstruirlas.

Podríamos plantearnos hasta qué punto la experiencia positiva de la primera etapa del equipo se debió a las cualidades del mismo o al hecho de que la gestión del líder fue excelente. Soy de la opinión de que debe ser una combinación de ambos factores. De nada sirve tener una buena materia prima si no se sabe la receta adecuada para cocinarla. Y es ahí donde el cocinero tiene mucho que decir.

10 El dilema de la motivación del colaborador
La motivación se conquista todos los días

«Parte de la curación está en la voluntad de sanar».

Lucio Anneo Séneca

¿Conoces las fuentes de motivación de tus colaboradores? ¿Es posible conocerlas? ¿Qué herramientas utilizas para la motivación? ¿Cómo identificar que un equipo está suficientemente motivado? ¿Cuál es tu papel en ello? ¿Es posible motivar? ¿Sabes si entre tu equipo hay miembros desmotivados? ¿Cómo los gestionas? ¿Has despedido a alguien por razones vinculadas a su falta de motivación? ¿Conoces el clima laboral de tu departamento o de tu empresa?

Cristina pasó de ser una excelente colaboradora a convertirse en la pesadilla de su departamento. Tenía la responsabilidad sobre una familia de productos del departamento de Marketing, en una empresa auxiliar de su sector de tamaño mediano. El proceso de desmotivación de Cristina afectó en primera instancia a sus compañeros de departamento. Se fue extendiendo a otras áreas de la empresa. La situación se tornó insostenible y Daniel tenía que tomar una decisión.

En este capítulo analizaremos las principales fuentes de motivación y cómo aplicarlas con los colaboradores. Haremos referencia a la dificultad que supone motivar a alguien que ha elegido no estar motivado. Asimismo daremos algunas pautas para generar motivación en los colaboradores sin necesidad de recurrir al cortoplacista refuerzo económico.

El directivo

Cristina fue una de las colaboradoras que con más ilusión contraté para mi departamento. La conocía desde bastante tiempo antes de establecer nuestra relación laboral. Además de la lucidez y compromiso que detecté en mi experiencia personal con ella, venía avalada por excelentes referencias profesionales. Yo necesitaba ampliar mi departamento y ella era una pieza que encajaba a la perfección. Se incorporó como responsable de un área, sin personal a cargo. El plan de carrera para Cristina incluía evolucionar hacia otros ámbitos de conocimiento, así como potenciar sus habilidades de gestión.

Encajó bien con el resto de miembros del departamento. Su carácter afable y conciliador favoreció su rápida integración.

Durante un par de años su desempeño fue modélico. Estoy seguro de que nuestra buena química personal lo fomentó también. No solamente se volcaba en sus responsabilidades directas, sino que mostraba interés en todas las demás funciones del departamento. Sus ganas, junto con mi frecuente retroalimentación (o *feedback*) y reconocimiento, crearon una relación sinérgica.

La experiencia con Cristina fue todo un aprendizaje sobre las fuentes de motivación de los seres humanos.

Comenzaron a llegar rumores relativos a que la empresa se encontraba en una situación financiera delicada y que el centro en el que Cristina trabajaba era uno de los primeros que serían cerrados si la situación no mejoraba. Se hablaba incluso de despidos selectivos.

Eran rumores ciertos. Como resultado, los presupuestos para el año siguiente se redujeron muchísimo, priorizando la contención de gastos frente a la inversión. Era un presupuesto pensado para un año de dificultad, con poco o ningún espacio para el crecimiento. Había que reducir grasa financiera y generar músculo. Paralizamos actividades y proyectos de innovación y crecimiento, para ajustarnos a los tiempos difíciles. Arreciaban los rumores sobre la delicada situación financiera de la compañía. Clientes y proveedores nos preguntaban sobre estos rumores, lo cual acrecentaba todavía más la ansiedad.

No podría asegurar si fue una evolución paulatina o si ocurrió de repente: Cristina se transformó en una colaboradora apática y poco implicada. Su trato se tornó áspero y huraño, tanto con sus compañeros y conmigo como con el resto de la organización. Se recluyó en sí misma. De ser una de las personas más solicitadas y solícitas del departamento, pasaron a rehuirla.

Me resulta difícil asegurar con certeza que la causa del desánimo en que entró Cristina fuera el ambiente negativo que se comenzó a generar por los rumores. Quizá se debiera a la perspectiva de la falta de retos motivadores en el corto y medio plazo. O quizá mi gestión ante la crisis o ante sus expectativas tampoco fuera acertada. No lo sé con certeza. Lo que observamos tanto sus compañeros como yo es que entró en una espiral de negatividad. Venía apática a la oficina, no se involucraba con el nivel de compromiso de antaño, se limitaba a cumplir con su trabajo, no concedía ni un minuto adicional a la empresa.

A esto le siguió el deterioro de las relaciones con sus compañeros: esquivaba los problemas y se afanaba en pasar el muerto a los demás.

Creo firmemente que los directivos no podemos motivar a nadie. Lo único que podemos hacer en esta materia son dos cosas:

- No desmotivar.

- Crear las condiciones adecuadas para que cada cual encuentre su propia motivación.

Nadie puede saber cuáles son nuestras fuentes de motivación reales. Se pueden intuir de forma muy general, pero difícilmente conoceremos los detalles. Es equivalente a acertar los grados exactos de temperatura en un día cualquiera. Saldremos a la calle, sentiremos la temperatura en nuestra piel y podremos decir si hace más frío que calor o viceversa. Pero la temperatura exacta difícilmente la acertaremos. Y en la agricultura unos pocos grados arriba o abajo marcan la diferencia en las cosechas, de mediocres a excelentes.

En nuestro rol de liderazgo nos encontramos con situaciones similares cada día. Conocemos las tendencias naturales de los miembros de nuestros equipos, la estación climatológica en la que se encuentran más cómodos. Esa es nuestra obligación, la de crear las condiciones favorables para que desarrollen su trabajo en las mejores condiciones posibles. Pero desconocemos esa temperatura exacta, privada, que hace a cada trabajador excelente en su individualidad. Nunca tendremos la absoluta certeza de estar accionando las palancas de motivación adecuadas. Nadie puede penetrar en la cabeza de nadie. De ahí que, a pesar de crear el clima adecuado, siempre haya personas con las que no acertemos. Pero tenemos la obligación ineludible de crear ese buen clima. En media, el entorno de trabajo será más confortable, eficiente y rentable. Un dato extremadamente relevante: el 30% de la productividad de los trabajadores proviene del clima laboral, según estudios econométricos. El establecimiento de lazos estrechos de confianza facilita las cosas. Pero no ofrece todas las respuestas. En general, no nos gusta desnudarnos ante los demás. Hay ciertas líneas rojas mentales que nunca cruzaremos ante nadie, ni siquiera ante líderes de confianza. Un ejemplo: pocos admitirían ante sus superiores que su estado de alta motivación no obedece al trabajo en sí, sino a la existencia de un compañero del mismo departamento con el que le une una estrecha amistad; y, en tal caso, por mucho que los superiores hagan, la motivación variará poco; eso sí, le desmotivaríamos si hiciésemos una reorganización del departamento; y nosotros no lo sabríamos, no entenderíamos por qué se desmotivó. Otro ejemplo: pocos admitirían que su fuente de motivación es la reputación de la compañía, con independencia del trabajo que realicen; les desmotivaría una mala gestión comunicativa ante los medios en un presunto caso de corrupción o de servicio/producto defectuoso.

Tenemos poca influencia directa en las fuentes de motivación de nuestros equipos. En todo caso, la influencia que tenemos es indirecta: somos creadores de clima.

El deterioro de la actitud de Cristina duraba ya un año y medio. Trabajar con ella se tornó en una experiencia desagradable. Sus propios compañeros me pedían en privado que la despidiera, por el bien del ambiente y del trabajo. Me parecía increíble que la situación no fuera reconducible. Hablé en repetidas ocasiones con ella sin obtener respuesta alguna. Todo eran explicaciones vagas y ambiguas. Me desconcertaba. Los canales de comunicación que antes nos unieron se habían cerrado. Intenté volverlos a abrir por todos los medios. Fue inútil. Había algo que Cristina ocultaba. Nunca supe de qué se trataba. Me torturaba la impotencia. Pero llegó un momento en que dejé de culpabilizarme. Sentía que había hecho todo lo que estaba en mi mano.

El despido llegó, pero lo demoré mucho tiempo, demasiado. Los esfuerzos inútiles conducen a la melancolía. Y, cuando no tomamos una decisión a tiempo con una persona, habrá muchas otras personas que se preguntarán por qué no la estamos tomando.

El especialista en gestión de personas

Durante muchos años, los profesionales de Recursos Humanos nos hemos afanado en estudiar, leer y tratar de aplicar diferentes teorías sobre la motivación laboral, con diferentes resultados. Esto es, quizá, lo más desconcertante de la motivación laboral: ¿por qué con algunas personas funcionan esas teorías y con otras no?

Muy sencillo: porque seguimos empeñados en tratar de hacer encajar a todas las personas en esquemas preconcebidos sin tener en cuenta la individualidad de cada una. El problema de las teorías y estudios es que generalizan y eso difícilmente funcionará con todo el mundo. Si bien es cierto que en un primer momento pueden servirnos para tratar de clarificar cuál es el activador motivacional de una persona, en una segunda fase podemos caer en el error de limitarnos a pensar que eso es lo que necesita esa persona. La motivación laboral, como tantas otras conductas, va cambiando con el tiempo. Las circunstancias personales, profesionales, el ambiente de trabajo... Lo que hoy es válido posiblemente mañana dejará de serlo.

A grandes rasgos podemos encontrar tres activadores motivacionales:

- La afiliación: consistente en la necesidad de establecer relaciones con los demás.

- El estatus: consistente en la necesidad de tener una determinada posición, ya sea a nivel personal o profesional. Por ejemplo, hay personas a las que les supone una alta motivación el hecho de que su tarjeta de visita refleje un determinado cargo.

- El logro: o la necesidad de alcanzar retos u objetivos, ya sean estos desafiantes o no.

Estos tres activadores motivacionales pueden estar presentes a la vez, aunque siempre habrá uno que predominará sobre el resto. El hecho de que a una persona le active uno no quiere decir que siempre vaya a ser ese aspecto el que le motive, sino que irá cambiando en función de aspectos internos o externos a la persona.

En el caso de Cristina claramente su responsable no fue capaz de detectar qué era lo que le motivaba. Al principio a Cristina lo que le activaba era el logro, la posibilidad de realizar tareas nuevas y desafiantes que supusiesen alcanzar nuevos objetivos. El problema empezó cuando la situación de la empresa se complicó y muchos de esos proyectos se paralizaron. Cristina se encontró sin ningún aliciente que le motivase, ya que su principal activador había desaparecido. Si Daniel hubiese conocido este dato, posiblemente podría haberse adelantado a las circunstancias y haber manejado la situación de forma diferente a como lo hizo.

Si bien es cierto que cuando las restricciones se instalan en los presupuestos de las empresas y hay un margen casi nulo para poder llevar a cabo nuevos desafíos y proyectos, es muy complicado poder mantener activa la motivación de aquellas personas que se mueven fundamentalmente por el logro, como en el caso de Cristina.

Otra de las cuestiones que jugó en contra de la gestión que hizo Daniel de la situación es la existencia de esa buena relación. En ocasiones el hecho de que haya una buena relación personal, incluso con anterioridad a la contratación de la persona, puede hacer creer, como así fue, que la amistad estaría por encima de cualquier problema y que al fin y al cabo si algo no estaba funcionando se hablaría.

Daniel partió de la creencia de que los canales de comunicación con Cristina estaban intactos y que, como la conocía bastante antes de su llegada a la empresa, sería capaz de detectar si había algún problema.

Sin embargo, eso no sucedió. De hecho ocurrió todo lo contrario: la pre-existencia de esa amistad nubló la capacidad de observación de Daniel sobre las señales de alarma que Cristina seguramente lanzaba. Y esa es una habilidad fundamental en un directivo.

En este caso Daniel se volvió ciego y Cristina enmudeció.

Por desgracia, la ceguera, el enmudecimiento y la sordera empresarial son algo bastante extendido en la gestión de personas. Cuántos malentendidos y situaciones incómodas se producen a diario en nuestras organizaciones simplemente porque falta capacidad de observación de los jefes y, además, porque los canales de comunicación suelen estar mucho más deteriorados de lo que parece.

A los jefes les pedimos que tengan en cuenta a cada empleado de manera individualizada, sin compararles con otros, y que se busquen y potencien los activadores motivacionales de sus colaboradores. Y a los empleados les pedimos que favorezcan la comunicación con sus jefes mediante la interacción frecuente. Sin embargo, esto es un camino de dos sentidos: si uno decide bloquearlo, el otro posiblemente terminará haciendo lo mismo. Y la principal responsabilidad de que esa vía de comunicación siga siendo bidireccional recae en el jefe, que es quien debe gestionar a su equipo.

Es conveniente tener en cuenta que quien no quiera estar motivado por los motivos que sean, y por mucho interés que le ponga su jefe, no llegará a motivarse. Es decir, hay que partir de la base de la voluntad de la persona por querer estar motivado.

Es por eso que en estas situaciones las pocas opciones que le quedan a un jefe o responsable es tratar de averiguar el activador motivacional y crear las condiciones adecuadas para que se pueda activar nuevamente, siempre y cuando la persona quiera. En caso contrario, el colaborador terminará convirtiéndose en un empleado tóxico, como le sucedió a Cristina. Aun así, un empleado no se desmotiva de la noche a la mañana: ese proceso de desencanto con la empresa suele ser gradual y suelen existir claras señales de alarma que avisan de que algo está pasando.

¿Qué opciones le quedaban a Daniel tras haberse puesto en evidencia ya la actitud de Cristina? Muy pocas o casi nulas. Cristina ya había tomado la decisión de desvincularse psicológicamente de la empresa. Es una manera de ir cortando lazos con la organización y de ir adelantando el previsible resultado de la situación: el despido. En definitiva, fue Cristina la que decidió que el despido era su opción. Pese a que Daniel llega a creer que puede salvarla y reconducir la situación, Cristina ya había decidido por él. La diferencia está en que Daniel tardó bastante en darse cuenta que eso era así y que lo que estaba pidiendo a gritos era que la despidiesen.

Daniel actuó de salvador de Cristina, posiblemente empujado por la amistad que le unía a ella y por el afán de reconducir la situación. Y Cristina se negó a ser salvada.

Reflexiones y sugerencias

Pese a las dificultades que supone poder motivar a un colaborador, y siempre partiendo de la base de que quiera estar motivado, hay una serie de aspectos que cualquier persona que dirija equipos puede pontenciar y que ayudarán a crear un clima que favorezca la motivación:

- Humildad: es muy recomendable que la persona que quiera crear un clima favorable a la motivación parta de la base de que no lo sabe todo y que sus colaboradores pueden tener ideas tan buenas o incluso mejores que las suyas. El fomentar la participación y la involucración de los colaboradores en los proyectos desde la humildad del responsable es un punto altamente recomendable para crear un buen ambiente laboral.

- Escucha activa: es otra de las cualidades que un buen responsable debe tener. Es decir, que sea capaz de mantener una comunicación con cualquier colaborador, haciéndole saber que se le valora, que se le tiene en cuenta y que sus ideas son valiosas.

- Hacer evaluaciones de manera frecuente: una de las claves a la hora de generar un clima laboral adecuado es que el responsable sea capaz de dar, de manera continua, una retroalimentación de calidad. Esto implica no sólo decirle al colaborador sus aspectos positivos, sino también aquellos que debería mejorar. Y hacerlo de una manera empática. La retroalimentación constante y sistemática es una de las mejores herramientas motivacionales que pueden existir en la empresa. Y, además, ¡es económica!

- Exigencia, entendida como la capacidad para plantear retos desafiantes y motivadores al equipo, que impliquen la utilización de las habilidades y conocimientos que cada persona posee y/o ha desarrollado. Si tienes un buen coche, no hay nada más frustrante que no poder pasar de segunda velocidad porque algo o alguien te lo impide. Y eso es responsabilidad de quien dirige un equipo de trabajo: sacar lo mejor que cada persona puede dar.

Toda esta situación de Cristina seguramente tuvo un impacto muy relevante en el resto del equipo. Cuando un trabajador decide cortar lazos con su empresa sin motivos aparentes para el resto, la otra parte del equipo tiende a fracturarse entre los que están de acuerdo con su decisión y los que no la comparten.

Se trata de una situación complicada de gestionar para cualquier jefe ya que, tome la decisión que tome, siempre habrá alguien que no compartirá su manera de actuar.

Daniel aplazó la decisión hasta sentirse cómodo con el despido de Cristina y eso fue un error que un responsable no puede permitirse: anteponer su bienestar personal frente al del equipo. Este siempre estará por encima de las necesidades particulares de cualquiera de sus miembros.

Podemos decir, sin miedo a equivocarnos, que la motivación laboral no es un tema baladí. Intervienen muchos factores, donde el más importante es la actitud de cada uno de nosotros. Si nuestra actitud es poco proclive a la motivación, por muchos esfuerzos que se hagan desde la empresa, difícilmente podremos sentirnos a gusto y comprometidos con nuestro puesto de trabajo.

En definitiva, ¡de casa se viene motivado!

QUINTA PARTE
GESTIÓN DE LA TOXICIDAD

11 | El dilema de la supervivencia
Por qué un empleado brillante puede convertirse en tóxico

«Aunque las circunstancias influyen mucho sobre nuestro carácter, la voluntad puede modificar en nuestro favor las circunstancias».

John Stuart Mill

¿Qué ocurre cuando tu potencial profesional es castrado por un superior jerárquico mediocre y tóxico? ¿Qué efectos tiene un liderazgo tiránico sobre un empleado brillante? ¿Puedes escapar a la influencia negativa de un jefe tóxico o esa toxicidad acabará por contagiársete? ¿Cuál es el precio que pagas cuando decides aguantar en un ambiente dañino por miedo a la incertidumbre de volver a encontrar otro trabajo? Si padeces a un jefe tóxico, ¿qué efectos tendrá a su vez tu estado de ánimo sobre tus colaboradores y compañeros?

Miranda era una compañera horizontal *(peer)* de Daniel y, en aquella época, ambos trabajaban en una de las sedes que la empresa, líder en su sector y con unos pocos centenares de trabajadores, tenía en España. Miranda era expatriada; hacía tres años que había sido destinada a esta sede y la precedía un halo de solvencia contrastada como responsable de áreas financieras. Miranda no habría aceptado el traslado de haber sabido que tendría que reportar a un jefe con ego hipertrofiado y con un estilo de liderazgo autoritario y tiránico.

En este capítulo analizaremos lo que denominamos jefes frontón, así como las consecuencias que tiene este tipo de liderazgo en las organizaciones. También nos detendremos en los mecanismos por los que un empleado brillante se convierte en tóxico, así como las alternativas que tenía Miranda en esa situación.

El directivo

Miranda era una colega profesional con la que me unía una buena química personal. Tenía dotes de liderazgo muy destacadas, era una gran comunicadora y sabía transmitir lo que quería, de forma que su equipo se sintiera inspirado y movido a la acción. Era cercana. Tenía un deje atormentado en su voz lenta y serena, propia de las personas que se han trabajado interiormente y se conocen bien. Siempre encontraba un momento para atenderte y una palabra amable con la que obsequiarte.

El jefe de Miranda tenía un perfil muy diferente: arrogante, inseguro, sin don de gentes, soberbio, con una tóxica vanidad intelectual que le empujaba a menospreciar las buenas ideas que a él no se le habían ocurrido antes. Un ego hipertrofiado. Sólo se escuchaba a sí mismo y sus discursos estaban trufados del pronombre personal yo. No me parecía mala persona en el ámbito privado, pero en el profesional era un tirano. Doctor Jekyll y mister Hyde.

Un talento como el de Miranda difícilmente podía aguantar mucho más tiempo en ese entorno. Los profesionales que piensan que su mayor contribución a la empresa y a su equipo es la generación de climas laborales en los que cada cual encuentre su motivación hacia la excelencia, toleran mal la arrogancia. La arrogancia genera silencios. Y, precisamente, lo que nos mueve a responsables como Miranda o como a mí mismo, es la generación de sonidos, de sinfonías armónicas en las que cada colaborador toque el instrumento para el que está mejor preparado. Lamentablemente su superior no estaba a la altura del potencial de Miranda. Cuando el miedo entra por la puerta, el talento acaba saliendo por la ventana, más tarde o más temprano.

Fui testigo de cómo su superior la castraba intelectualmente ante el resto de colegas e, incluso, ante sus propios colaboradores. Miranda contaba con un pensamiento lateral muy destacado. En ocasiones ponía ideas sobre la mesa que se apartaban del pensamiento secuencial habitual. Eso molestaba a su superior. Él necesitaba sentir que las mejores ideas eran las que se le ocurrían a él o, como mínimo, conocerlas de antemano para tener tiempo de continuar elaborándolas o, en el peor de los casos, apropiárselas. Era habitual presenciar cómo desprestigiaba las ideas de Miranda, interrumpiéndola continuamente con comentarios destructivos.

Todavía me cuesta entender por qué hay quien todavía a estas alturas conserva un concepto tan errado del liderazgo. ¿Por qué es tan difícil comprender que un jefe brilla cuando brillan sus colaboradores? ¿Y que ese brillo proviene de la aspiración de rodearse de personas mejores que uno mismo? Digo aspiración porque, aunque no dispongamos de los mejores, sí debemos procurar que crezcan mediante tres herramientas principales: la confianza (que genera autoestima), la exigencia (que genera superación) y la retroalimentación *(feedback,* en terminología anglosajona, que generan autoconocimiento).

En conversaciones privadas, Miranda me transmitió sus ganas de marcharse. Ya no aguantaba más. Llevaba tiempo buscando otro trabajo, pero las oportunidades no aparecían fácilmente, y hasta llegó a plantearse irse con las manos vacías, presentar su renuncia y salir por la puerta para no volver más. Tenía hijos y una hipoteca, y eso la frenaba. «Hace frío ahí fuera», solía decir en su inconfundible acento inglés.

En ocasiones anteriores he comentado lo contradictorios que somos los humanos y aquí tenemos otro ejemplo: el entorno de Miranda le recomendaba –me incluyo– que aguantase hasta encontrar alguna otra opción profesional. La espera podía ser larga, muy larga. Más si cabe por el hecho de que, mientras estuviera cumpliendo con sus obligaciones en la empresa, no podría dedicarse plenamente a buscar trabajo o a emprender. Pero esos mismos que le aconsejábamos que aguantase a toda costa, con toda probabilidad seguro que alabamos el refrán «vale más morir de pie que vivir de rodillas». Miranda sentía que estaba viviendo de rodillas y su entorno le insistíamos en que siguiese viviendo así. Cada día que pasaba en la empresa era un día menos en la búsqueda de su bienestar: su pasado crecía y su futuro menguaba. Fijémonos en que, en realidad, el refrán que estábamos aplicando con nuestros conservadores consejos a Miranda era «más vale malo conocido que bueno por conocer». Desde bien pequeñito ya había algo en ese refrán que me producía rechazo. No supe racionalizarlo hasta que me hice adulto y tuve la certeza de que hay que escuchar nuestros motores internos. Cada día que pasa sin hacer aquello que nos piden nuestros motores (ya sean el corazón, la cabeza, el cuerpo o el espíritu), es una oportunidad perdida. Y si algún día hacemos balance global de nuestra vida, no nos arrepentiremos principalmente de las cosas hechas, sino de las que nunca llegamos a intentar. Conformarnos con nuestro estercolero lleno hasta los bordes nunca debería ser una opción.

Seguro que la mayoría de humanos pensamos igual. Pero luego se imponen nuestros miedos, nuestras inseguridades, nuestras servidumbres, el dinero, la presión del entorno… y nos quedamos instalados en nuestro estercolero.

Durante el tiempo en que duró su calvario profesional, Miranda siempre me pareció una persona resiliente. La resiliencia es la capacidad que tenemos para no rompernos a pesar de las tensiones, para aguantar en las situaciones difíciles. Como el bambú. Ese aguante me pareció digno de elogio.

Pero su malestar se fue transmitiendo a su equipo, a sus compañeros y a la organización. Las amplias vías de comunicación que antaño mantenía con sus colaboradores se comenzaban a estrechar. La gente comenzaba a evitarla, no porque su trato fuera áspero –bien al contrario–, sino porque no era resolutiva. Se quitaba los problemas de encima, derivándolos a otras áreas o a sus colaboradores. Empezaba a abdicar de su rol ejemplarizante ante su equipo y de sus responsabilidades ante la organización.

Cuesta mucho ganarse la confianza y muy poco perderla. Su equipo la perdió. La organización la perdió.

Un buen día decidió marcharse. No nos lo comentó previamente a ninguno de sus colegas de confianza. Nos lo informó una vez ya hubo presentado su dimisión. Ella sabía que con esta decisión iba a pasar unos tiempos difíciles. Su familia tendría que apretarse el cinturón hasta que le surgiera una nueva oportunidad, que con alta probabilidad sería tarde dado el escenario de depresión económica instalado en el país. Pero así podría dedicar todas sus energías a luchar por un nuevo reto, a volver a encontrar la felicidad profesional, a levantarse por las mañanas contenta de poder contribuir con su bagaje y su talento a un nuevo proyecto.

Fue entonces cuando caí en la cuenta de que, lo que yo previamente había interpretado como resiliencia –su aguante a toda costa en la empresa–, no era tal cosa: era supervivencia. La muerte lenta de su talento y su autoestima.

Lo que fue verdaderamente resiliencia fue su valentía para enfrentarse a la dimisión, la incertidumbre y las dificultades a las que inexorablemente se vería abocada con su decisión.

Me di cuenta de que la resiliencia tiene que ver con resistir, pero no a cualquier precio. No a costa de continuar viviendo en la insatisfacción. Eso no es resiliencia, ya que esta implica navegar en un océano de aguas procelosas con el objetivo de llegar a nuestra isla deseada: resistir la incertidumbre, primando la felicidad. La decisión de cambiar, la búsqueda decidida y activa de algo mejor, la renuncia categórica a lo que nos provoca infelicidad... Esa es la verdadera resiliencia. Sin embargo, resistir por resistir, sin un objetivo ilusionante, es la lenta muerte del intelecto y de la autoestima. Si nos instalamos en la infelicidad por no enfrentarnos a la incertidumbre, eso no es resiliencia: es supervivencia.

Agradezco a Marta Romo los símiles y explicaciones sobre la resiliencia que se pueden encontrar en su libro *Traza tu rumbo* y en sus vídeos en YouTube, que me trajeron a la memoria esta historia. Le tomo y reitero este gran aforismo: «es resiliente quien prefiere gestionar la incertidumbre a instalarse en la infelicidad».

El especialista en gestión de personas

Miranda se había convertido en una empleada tóxica. ¿Qué extraño mecanismo interno hace que un empleado brillante se convierta en tóxico? Fundamentalmente el desprecio personal y profesional.

Todos los empleados necesitamos sentirnos valorados tanto personal como profesionalmente. Lo necesitamos por una simple cuestión de autoestima y porque la afiliación o necesidad de entablar relaciones con los demás tiene un peso importante en nuestro desarrollo como seres sociales que somos. No se trata de hacer cosas por hacer, para que el grupo nos acepte, sino de que seamos capaces de expresar de manera libre y asertiva nuestras ideas y aun así el grupo nos acepte tal como somos.

La situación descrita no es ciencia ficción ni está exagerada. Desafortunadamente es mucho más habitual de lo que parece y es el pan nuestro en muchas organizaciones: directivo (el jefe de Miranda) que asciende a costa de muchos sacrificios y de pasar por encima de colaboradores, que se siente profundamente amenazado cuando llega alguien diferente al equipo.

El jefe de Miranda calca casi a la perfección el perfil de lo que yo llamo jefes frontón: son los jefes con los que la comunicación es prácticamente imposible ya que casi todas las ideas que llegan de sus colaboradores rebotan una y otra vez como en un frontón. Suelen ser personas que, pese a la imagen que proyectan, suelen tener bastantes inseguridades y falta de autoestima, que suplen con actitudes de reafirmación personal exageradas y normalmente fuera de lugar, como en este caso. Este tipo de personas tienden a sentirse amenazados cuando tienen en su equipo a alguien que destaca por encima de él o piensa que puede llegar a hacerlo. Es por ello que sus esfuerzos suelen ir encaminados, por un lado, a hacerle saber al intruso que jamás deberá hacerle sombra y que trabaje desde la discreción para que no destaque demasiado.

Curiosamente este tipo de jefes frontón suelen ser bastante comunes en las organizaciones e, incluso, me atrevería a decir que en algunas se fomenta este tipo de perfiles. Todavía existen muchas empresas que piensan que los empleados trabajan mejor si tienen por encima un jefe que les controle y decida por ellos qué es lo que les conviene. Parece curioso que en un momento como éste, en que estamos viendo cómo lo más importante para las empresas, casi vital diría yo, es el talento, haya organizaciones que se empeñan de manera repetida en ahogarlo y esconderlo.

Una de las características de estos jefes es que se valen del silencio del resto de los colaboradores para llevar a cabo sus movimientos de acoso y derribo. En este caso vemos como algunos colegas de Miranda eran conocedores de su situación y aun así no hicieron nada para tratar de ayudarle.

Y es que el poder de este tipo de personas, en algunas ocasiones, es inmenso y nunca sabes cuándo decidirán cambiar su objetivo y apuntarte a ti por el único motivo de haberte cruzado en su camino.

Jefes como el de Miranda son tóxicos, profesionales que en un momento dado han gozado de muy buena reputación dentro de la empresa gracias a sus excelentes resultados y su alto nivel de desempeño. Sin embargo, como en este caso, en ocasiones son personas con muchas inseguridades, que tratan de minar de todas las formas posibles cualquier atisbo de talento dentro de sus equipos. En otras ocasiones se convierten en tóxicas debido a que pueden sentirse traicionadas por algún cambio en la gestión o dirección de la empresa; se sienten agraviadas cuando la dirección no cuenta con ellos de la manera que esperaban.El peligro de estos jefes tóxicos es que su toxicidad puede propagarse como la pólvora entre el resto de los compañeros. De hecho, el jefe de Miranda era un jefe tóxico y Miranda terminó convirtiéndose en una empleada tóxica.

Empresas con culturas poco dadas a fomentar la participación de sus empleados, muy centradas en resultados y no tanto en el desarrollo de los colaboradores, donde se fomenta la competitividad entre los empleados a niveles exacerbados, son caldos de cultivo propicios para que se desarrollen este tipo de actitudes. Al final el empleado termina teniendo la percepción de que es preferible adaptarse a este tipo de ambiente o cultura, ya que el esfuerzo que le conlleva ir a contracorriente supone un gasto de energía demasiado elevado y erosionante. Eso es lo que en definitiva le pasó a Miranda: optó por adaptarse a la situación, se conformó, dejó de buscar y perseguir sus propios objetivos para sobrevivir en un entorno hostil: es la muerte psicológica del empleado dentro de la organización. Y, una vez llegado a ese punto, es difícil retornar y volver a ser un empleado comprometido y brillante. Todos, en un momento dado, hemos llegado a ese punto de no retorno en una empresa; un punto en el que sabemos que ya nada volverá a ser igual.

A veces resulta complicado poder decir si un empleado es asertivo o pasivo. Como en el relato, Miranda aparentemente tenía una actitud asertiva. Nada más lejos de la realidad: estaba claro que su actitud venía a indicar que había optado por tirar la toalla en su trabajo. ¿Por qué tardó en tomar la decisión de dejar la empresa y prolongar su agonía? Porque las personas necesitamos hacer nuestras propias transiciones emocionales y estas no siempre se corresponden con las transiciones físicas. De hecho es habitual ver a personas que son despedidas y que necesitan de un tiempo para adaptarse a su nueva situación y asumirla. Eso es debido a que la transición física (el despido en sí) se produce a destiempo de la transición psicológica o emocional (cuando la persona siente emocionalmente que se ha desvinculado de la empresa). Miranda abandonó su empresa en el momento en que terminó su transición emocional. Miranda pasó su duelo dentro.

¿Y qué impacto tiene la actitud de Miranda en sus colaboradores? Enorme, ya que al fin y al cabo los colaboradores directos necesitan de alguien que les guíe y Miranda había dejado de ser esa guía a la que acudir. De hecho, y debido a su actitud pasiva, había dejado de cumplir con sus funciones como lo había hecho hasta entonces, lo que tuvo una clara repercusión en el desempeño y la imagen del departamento. Es por ello que es habitual en estas situaciones ver cómo el mal clima laboral empieza a hacer su aparición hasta que llega a convertirse en un compañero de trabajo más.

Según estudios econométricos recientes, un buen clima laboral aumenta la productividad en un 30%. La empresa de Miranda se estaba perdiendo esta gran oportunidad.

Reflexiones y sugerencias

¿Realmente Miranda habría tenido otras opciones en esta situación? Rotundamente sí.

Siempre hay otras opciones. La diferencia está en si tenemos las herramientas necesarias para poder hacer frente a esas situaciones por nosotros mismos o, por el contrario, necesitamos la ayuda de alguien.

En ocasiones la situación laboral resulta tan insoportable que la mejor opción es salir de la empresa e iniciar un nuevo proyecto en otro lugar. La dificultad radica en que esta opción puede ser poco viable debido a la situación personal y/o profesional del trabajador, o porque haya pocas oportunidades laborales que le permitan acceder a un nuevo puesto de manera rápida. Es en estos casos donde conviene que la persona desarrolle nuevas habilidades que le ayuden a hacer frente al escenario tóxico que está viviendo, siempre y cuando no suponga su anulación como persona. Para ello es vital que disponga de un alto nivel de autoconocimiento que le permita conocer sus límites y saber hasta dónde está dispuesta a cambiar y en qué consistirán esos cambios.

En este caso, Miranda, además, no contó con la ayuda de ningún colega o colaborador, lo que acentuó todavía más la sensación de soledad. Carecía de estímulos profesionales para poder hacer frente a la situación por sí misma y tampoco los buscó.

Los colegas de trabajo, ¿podían haber hecho algo en esta situación? Posiblemente sí si Miranda hubiese optado por compartir su situación con ellos y hubiese tratado de buscar soluciones de manera conjunta. Los compañeros, colegas o colaboradores no sólo están para escuchar, sino que tienen la responsabilidad de velar por un buen clima laboral, siempre y cuando la empresa tenga predisposición para ello. Aun así todavía quedan muchas empresas en las que la cultura del miedo es habitual y los colegas o colaboradores no pueden ni quieren intervenir por temor a que se conviertan en el centro de las amenazas del jefe tóxico. Ante estos escenarios, mucho más comunes de lo que podríamos pensar, los colegas sólo pueden, en muchas ocasiones, dar apoyo moral.

Es habitual pensar que lo que pasa en la cocina debe quedarse en la cocina y que lo mejor es no entrometerse en las vicisitudes de un departamento concreto ya que el responsable podría considerarlo una injerencia. Ahora bien, cuando la causa del problema es el propio responsable, es necesaria una actuación más enérgica. De lo contrario se terminará convirtiendo en un pequeño reyezuelo haciendo y deshaciendo a su antojo. Una vía para tratar de enmendar esta situación sería poner el asunto en conocimiento del departamento de Recursos Humanos. Ahora bien, estos no siempre disponen de la libertad ni capacidad de actuación necesarias. Informarlos de lo que está pasando es un primer paso para darle notoriedad al asunto. Si hay algo que este tipo de jefes no quiere es ese tipo de publicidad. De hecho es algo con lo que suelen jugar: el silencio de los colaboradores y su aquiescencia. Ante eso, y en función de la reacción del departamento de Recursos Humanos, puede ocurrir que el jefe tóxico sienta que se le está cuestionando y que necesita modificar su conducta. O que se sienta profundamente herido y reaccione de forma más contundente contra Miranda. De ahí que sea muy importante el conocimiento del asunto por parte de Recursos Humanos, ya que de alguna manera asistirán como testigos de la conducta inapropiada del jefe con el colaborador.

Una última vía ante una eventual falta de respuesta del departamento de Recursos Humanos podría ser escalar el asunto al responsable directo del jefe de Miranda, con todas las consecuencias que eso puede conllevar: enconamiento aún más si cabe de la relación, reacción desmedida del jefe de Miranda o falta de apoyo por parte del superior del jefe de Miranda. Resulta difícil conocer los posibles efectos. Por eso conviene que sea una solución de ultimísimo recurso, podríamos decir a la desesperada.

Y qué pasa con su equipo, ¿podía haber hecho algo para mejorar la situación? Si la relación con el equipo es buena, debe ser un punto de apoyo. No se trata de hacer frente común ante el jefe tóxico de Miranda, pero sí de hacerle saber a ella que puede contar con su equipo y que la apoyan. Los colaboradores pueden ser un elemento clave. Con sus palabras, gestos y conductas irán mandando mensajes al jefe de Miranda, haciéndole saber que la apoyan y que desaprueban su actitud. No hay nada que nos guste menos a las personas que saber que no somos apreciados o aceptados por el grupo. Aunque, al igual que en el caso de los colegas de trabajo, todo dependerá de si la cultura de la empresa es proclive a aceptar este tipo de críticas.

Hay empresas en las que el jefe actúa como un auténtico tirano y, lo que es peor, con la aceptación de la dirección general. En estos casos es preferible que los compañeros traten de apoyarla con gestos y palabras, en privado, que le hagan sentirse aceptada y escuchada.

Existe otro actor involucrado en esta situación, al que ya hemos hecho referencia anteriormente: el departamento de Recursos Humanos. ¿Qué responsabilidad tiene en esta situación? Es uno de los grandes responsables. Una de sus funciones es atraer, retener y motivar el talento. Si era conocedor de la situación de Miranda y decidió no intervenir, dejó de cumplir con una de las premisas básicas de cualquier departamento de Recursos Humanos: velar por el desarrollo del talento en la organización. Son los encargados de detectar cualquier conato de mal clima laboral y de poner los medios necesarios para reconducir la situación. Desde Recursos Humanos podían haber intervenido antes de que fuese demasiado tarde. Cualquier empleado, incluidos los jefes, necesitan recibir *feedback* sobre sus actuaciones y su desempeño para que sean conscientes de cómo influyen con sus conductas en el resto de compañeros. Y eso es labor de Recursos Humanos.

Desafortunadamente no todas las empresas consideran que los empleados son el activo más valioso de la organización e, incluso, en algunas la propia dirección general mantiene el concepto de que los empleados trabajan mejor si se les trata con mano de hierro. En este tipo de culturas realmente resulta muy difícil para Recursos Humanos poder llevar a cabo políticas tendentes al desarrollo de los empleados, y no digamos neutralizar los efectos de un jefe o de un empleado tóxico. Es frecuente que los profesionales de Recursos Humanos se acaben convirtiendo en meras comparsas de las directrices de la dirección general. Es la empresa tóxica por antonomasia.

En definitiva, se trata de aceptar que cada persona es como es y que difícilmente cambiará quien no quiera cambiar –el jefe tóxico–. Esto ya es un paso para que, quien se encuentre en la situación de Miranda, sea consciente de que, si se quiere enfrentar al entorno tóxico de manera diferente, tiene que empezar por cambiar sin esperar a que el entorno cambie. Y, si el entorno se le vuelve insoportable y no quiere o no puede adaptarse, debe empezar a buscarse otro lugar.

12 | El dilema del jefe mediocre
Cuando el equipo brilla más que el jefe

> «Al poder le ocurre como al nogal,
> no deja crecer nada bajo su sombra».
>
> Antonio Gala

¿Has tenido un jefe al que le fastidiaba que tú destacases? ¿Eres un jefe al que le molesta que sus colaboradores destaquen? En el primer caso, ¿qué hiciste para soportar la convivencia con él/ella? ¿O quizá no lo toleraste y buscaste la primera ocasión para escapar de ese departamento o de esa empresa? En el segundo caso, ¿te has preguntado a qué tienes miedo? ¿Eres consciente de las emociones que generas en los miembros de tu equipo?

Gonzalo era un excelente profesional senior del área de Marketing y Ventas de una empresa de unos 300 trabajadores que buscaba afianzarse comercialmente en España. Su carrera profesional fue siempre creciente, ganándose la confianza de su equipo, de sus colegas y de sus superiores mediante una destacada competencia profesional. Su jefe, sin embargo, era un directivo que generaba desconfianza. Con algún que otro complejo de inferioridad que intentaba esconder tras una voz impostada y un semblante adusto, sentía la necesidad de acaparar el protagonismo en cualquier reunión o acto. Por lo general, sus aportaciones eran pretextos para llamar la atención de la audiencia. Gonzalo no se sentía nada cómodo con su jefe.

En este capítulo hablaremos de la tan necesaria distinción entre jefe y líder: ni todos los líderes son jefes, ni todos los jefes son líderes por su propia naturaleza. Además señalamos cuáles son los motivos por los que consideramos tan conveniente que un jefe sea líder. Por último, ofrecemos alternativas ante situaciones laborales en las que los jefes tratan por todos los medios de denostar y ensombrecer a colaboradores resueltos y con altos niveles de desempeño.

El directivo

Gonzalo comenzó la presentación oficial de su proyecto de expansión comercial. La audiencia estaba compuesta por unas 20 personas, entre las que nos encontrábamos el comité de dirección en pleno, los integrantes de los departamentos de Marketing y Ventas que participaron en el proyecto y un miembro del Consejo de Administración al que gustaba de participar en este tipo de actos.

Gonzalo estaba exultante y llevaba semanas preparando este momento. Hasta el último detalle estaba previsto y cuidado. Su equipo se había entregado en cuerpo y alma al proyecto. Las posibles preguntas de la audiencia habían sido consideradas e, incluso, algunas de ellas pactadas con algunos de nosotros, para generar debate.

Gonzalo era un líder que se crecía en la adversidad. Le gustaban las situaciones en las que se le ponía al límite. Sabía construir discursos argumentales, con la capacidad de convertir cualquier reticencia en una oportunidad ilusionante. No era un vendedor de humo. Lo que decía era consistente con lo que pensaba y con lo que hacía. Obedecía al patrón de líder resonante descrito por Goleman y Boyatzis:

- Autoconocimiento.

- Autocontrol.

- Conciencia social.

- Habilidad social.

En definitiva, se conocía bien y conocía bien, se gestionaba bien y gestionaba bien. A ello le acompañaba un alto conocimiento del negocio y del sector.

Gonzalo comenzó la presentación. En primer lugar agradeció nuestra presencia y seguidamente hizo una breve introducción sobre el objeto de la sesión: el plan de expansión a otras zonas de la geografía española en las que todavía no teníamos presencia. Su jefe, miembro del Comité de Dirección, le cortó para matizar su agradecimiento –ampliándolo a otras personas que no estaban en la sala–, y también para puntualizar sobre la geografía –mencionando explícitamente algunas ciudades de las nuevas provincias–. Si bien la matización podía tener algún sentido –aunque en absoluto justificaba una interrupción–, la puntualización sobre las ciudades fue del todo innecesaria.

Igualmente innecesario e inoportuno fue el monólogo con el que su jefe finalizó su interrupción, en el que explicó la historia de la compañía. Todos los presentes, sin excepción, habíamos escuchado ese relato en incontables ocasiones y con él consumió 20 minutos del tiempo de Gonzalo. Se cruzaron nuestras miradas y nuestros ojos se dijeron cuán previsible era lo que estaba sucediendo. Su jefe nos tenía acostumbrados a estas largas cuñas en las que aprovechaba para publicitar la empresa, pero cuyo verdadero objetivo era autopublicitarse.

La empresa no necesitaba ser publicitada entre los que estábamos ahí. Ni siquiera se justificaba en nombre de la creación de imagen de marca: todos los presentes sentíamos los colores de la empresa. Era una pura y simple exhibición de ego. No comprendía que era el momento de gloria de Gonzalo y su equipo, no el suyo. Chupar cámara era uno de los deportes favoritos del jefe de Gonzalo. Como broche final a su monólogo, se permitió aleccionar públicamente a Gonzalo sobre la importancia de contextualizar este tipo de actos con información esencial sobre la compañía… lo cual rayaba en lo ridículo, teniendo en cuenta los integrantes de la audiencia. No empezábamos bien…

Por fin Gonzalo pudo comenzar su exposición. Cuidada, elegante, sobria y concisa en los aspectos centrales. Su discurso era coherente y constructivo, como una obra arquitectónica que vas viendo levantar desde los cimientos. Impecable desde la perspectiva formal. A los diez minutos fue interrumpido nuevamente por su jefe. Esta vez el motivo de su intervención fue puntualizar un mensaje que, según él, «no había quedado suficientemente claro». Se refería a unos datos numéricos sobre los clientes potenciales de una provincia del sur de España. Gonzalo se había referido a ellos en dos ocasiones y, por tanto, había quedado diáfanamente claro. Lo que no quedaba nada claro para la audiencia era el motivo de esta nueva e innecesaria interrupción. Tan sólo se explicaba desde la falta de atención o desde la mala fe. El semblante de Gonzalo era crecientemente molesto. Respiró profundamente y continuó con su exposición.

Esta vez tuvo la ocasión de proseguir sin interrupciones durante un tiempo más largo, unos quince minutos aproximadamente. Las caras de la audiencia eran o bien neutras o bien de aprobación, excepto la de su jefe, que iba oscilando entre la indiferencia y la soberbia. Y, cómo no, llegó su tercera interrupción. Nuestras caras mostraron expectación por averiguar si esta nueva intervención de su jefe iba a aportar algo de valor. En esta ocasión criticó abiertamente uno de los postulados de Gonzalo. El miembro del Consejo de Administración le interrumpió e intervino visiblemente molesto: «podía ser opinable ese punto –dijo–, pero lo que no es comprensible es el momento ni el lugar escogido para hacer esa crítica». Le sorprendía que el Comité de Dirección no hubiera consensuado antes todo el proyecto. «¿A qué viene esta disensión ahora? No dice mucho en favor de la cohesión del Comité de Dirección», dijo. Se hizo un silencio gélido. Gonzalo lo rompió pidiendo disculpas y sugiriendo cancelar la sesión en ese punto, aclararlo todo a nivel interno y volver a convocarla la semana siguiente para no hacer perder el tiempo a ninguno de los presentes. El Consejero aceptó la propuesta y cancelamos la sesión.

Esa misma tarde, Gonzalo, visiblemente molesto, entró en el despacho de su jefe y le pidió explicaciones sobre lo sucedido.

–Sabías perfectamente lo que iba a exponer. ¿Por qué has bombardeado la sesión?

–Quizá no estuve lo suficientemente atento en la sesión previa que me hiciste y pasé por alto ese punto –respondió su jefe.

—Tu matiz no era lo suficientemente importante como para bombardear la sesión. Has perjudicado la imagen de la compañía por un tema irrelevante.

—Gonzalo, puedes considerarlo irrelevante, pero es de suma importancia que antes de llevar adelante un proyecto de tal magnitud haya aceptación general del Comité de Dirección.

—Eso no te lo discuto. Lo que no comprendo es que eligieras ese momento y ese lugar.

La motivación del jefe de Gonzalo tiene un nombre y un apellido: «Ego Hipertrofiado».

Una dosis sana de ego nos ayuda a proteger la dignidad, a no dejarnos pisar por otros, a levantarnos después de una caída, a aprender del error y seguir adelante fortalecidos.

Pero los Egos Hipertrofiados pierden el sentido de la proporción. Su objetivo es que ellos salgan fortalecidos a costa de lo que sea y de quien sea. Son autodestructivos porque gestionan desde la envidia, la ira, la vanidad y la soberbia. Son también destructivos porque no contribuyen al crecimiento colectivo sino sólo al suyo particular. Tienen un bajísimo nivel de autoconocimiento y de autocontrol. Con sus decisiones viscerales, dominadas por su cerebro reptiliano, destruyen carreras profesionales y compañías. Trasladan mala imagen ante los accionistas, los clientes y los proveedores. No son necesariamente déspotas, pero provocan dinámicas nocivas. Sus colaboradores más interesados les alegrarán los oídos con cánticos laudatorios sobre su persona. Sus colegas les evitarán. No suman, sólo restan. Todo su entorno acaba perdiendo: ellos, sus colaboradores, sus compañeros, su departamento, su empresa. La base de su comportamiento radica en los miedos y complejos que les atenazan: falta de autoestima, miedo al fracaso, faltas de…, miedos de… Si no fuera por su capacidad para emponzoñarlo todo, nos darían lástima.

Si alguna vez os encontráis a un jefe con estas características, pensad que más pronto que tarde os dejará en evidencia públicamente para así brillar él. Es la táctica del brillo a través del betún: el zapato brilla a costa de que el trapo se ensucie.

Os recomiendo que les mostréis en privado vuestra disconformidad, al igual que hizo Gonzalo. Quizá consigáis un cambio en el corto plazo, aunque lo más probable es que en el medio vuelva a las andadas. Si reincide, os sugiero que elevéis la queja a su superior. No estaréis haciendo una llamada a la insurrección, sino a la salud de la compañía. Evitad, con todos los medios que estén a vuestro alcance y siempre pensando en el bien de vuestra empresa, que personajes acomplejados y llenos de miedos conduzcan a vuestros departamentos o a vuestras compañías al desastre.

El especialista en gestión de personas

Partiremos de la siguiente realidad: ni todos los jefes son líderes, ni los líderes tienen que ser necesariamente jefes.

Lo ideal sería que un jefe fuese además líder y que un líder natural ostentase una posición relevante dentro de una organización. Pero ya hemos visto que son pocas las veces en las que confluyen estas dos posiciones.

Para comprender un poco mejor lo relatado, considero conveniente que expliquemos las diferencias existentes entre jefe y líder:

- El jefe está investido de autoridad de manera formal mientras que el líder la posee de manera informal. Esto quiere decir que a un jefe, por el simple hecho de serlo, se le atribuye autoridad para poder ejercer sus funciones. Mientras que el líder no necesita estar investido de autoridad. Las personas seguirán al líder por otros motivos, como pueden ser sus valores, la causa que represente, su capacidad de empatizar, etc. Es decir, tiene autoridad sin que nadie en particular se la conceda e, incluso, es posible que ni siquiera ocupe una posición relevante dentro de la organización. Son los líderes informales los que gozan de gran influencia sobre el resto de empleados sin que nadie les haya atribuido una determinada posición de poder.

- Los líderes suelen rodearse de los mejores colaboradores ya que consideran que los resultados serán superiores si se acompañan de talento.

  - En cambio los jefes suelen tender a buscar colaboradores que, o bien son mediocres o, si tienen talento, suelen estar subyugados por el jefe. Los jefes se rodean de talento con el único objetivo de exprimir al máximo sus habilidades y que puedan servirse de ellas, con lo que raramente compartirán los éxitos con sus colaboradores más brillantes. Es más, es habitual que estos empleados talentosos sean desprestigiados en público por parte de sus jefes ante la posible amenaza que para ellos suponen.

- Un líder aprende de los errores, mientras que el jefe pone el acento en estos, especialmente si los errores son de miembros de su equipo. Rara vez reconocerán que el error es suyo, de gestión, de dirección del equipo… sino que los jefes tenderán a echar las culpas a alguno de sus colaboradores.

  En cambio el líder no sólo reconocerá el error sino que lo aprovechará para que todos, incluido él, puedan aprender y mejorar. En definitiva, un líder tiene la suficiente humildad como para poder aceptar que se ha equivocado, mientras que un jefe no lo reconocerá aunque en su fuero interno lo sienta así.

- Para un líder, compartir el aprendizaje es vital. Una buena parte de su liderazgo se basa en su generosidad a la hora de compartir información y conocimientos. Para este la información debe ser común a todo el equipo y no hay razón alguna para que no se comparta. Se trata de un aprendizaje compartido: el líder aprende de sus colaboradores y estos de él. En cambio un jefe suele dar órdenes y dice cómo hacer las cosas. Parte de la idea de que la mejor manera de hacer las tareas es la suya y rara vez permite críticas a sus decisiones, procesos y métodos de trabajo. Considera que la información es poder y por ello la guarda de manera celosa pensando que, si sus colaboradores no acceden a ella, no peligrará su posición de poder en la organización.

- El líder corrige cuando hay un error y enseña cómo hacer la tarea de la manera correcta, desde el respeto y la confianza. Mientras que un jefe sanciona y castiga ya que para él los errores son inadmisibles porque ponen en entredicho su posición de poder y pueden hacerle perder el control del resto de los miembros del equipo.

A estas alturas del relato, el lector habrá podido determinar ya si el superior de Gonzalo es un jefe o un líder.

La responsabilidad de un jefe-líder es la de rodearse de los mejores colaboradores para que el equipo obtenga los mejores resultados sin tener en cuenta de quién ha sido el mérito. Ese es el espíritu del liderazgo compartido.

Tradicionalmente, en las empresas, se ha interpretado esa asunción de poder por parte del jefe como una carta blanca para poder hacer y deshacer a su antojo con su equipo de colaboradores.

Es frecuente que los méritos del trabajo bien hecho se los quede la cabeza visible del departamento y que en pocas ocasiones se compartan entre el equipo. Al fin y al cabo todavía persiste la idea de que los colaboradores están justamente para eso: para colaborar y aportar todos sus conocimientos, sin más. Resulta curiosa la tan extendida creencia de que las felicitaciones por los buenos resultados no se compartan, ya que si eso ha sucedido es porque el jefe ha realizado una buena gestión del equipo. Y, si no se producen los resultados esperados, es responsabilidad de todo el equipo.

Reflexiones y sugerencias

Ante esta situación, tan común todavía, por desgracia, en las organizaciones de hoy en día, ¿qué opciones tiene un empleado como Gonzalo?

- Una primera posibilidad es lo que ya hizo: interrumpir la presentación para evitar más aún el deterioro de la imagen del departamento y del Comité de Dirección frente al miembro del Consejo de Administración, y luego pedirle explicaciones, en privado, a su jefe por su actitud. ¿Es efectiva esta alternativa? No lo creo. Un jefe como el de Gonzalo está demasiado preocupado por cuidar su propio estatus como para poder darse cuenta del talento del que está rodeado. Es más, seguirá intentando boicotear, todas las veces que sean necesarias, cualquier acto que él considere amenazante a su posición. Y está claro que para él Gonzalo suponía una amenaza para su posición.

- Una segunda alternativa es haber manejado las interrupciones de manera diferente a como lo hizo Gonzalo. Esta opción requiere de un conocimiento profundo de la forma de actuar del jefe. Si ya se conoce cómo puede actuar en este tipo de reuniones –que, en el caso de afán de protagonismo, suele ser un comportamiento difícil de enmascarar–, se puede optar por adelantarse ante esas interrupciones. Dicho así puede parecer sencillo pero lo cierto es que se trata de la opción más complicada, pero la que puede dar mejores resultados si se maneja de la forma adecuada. Se trataría de adelantarse a la forma de reaccionar del jefe. Si se sabe que interrumpirá, dado su afán de notoriedad, una posibilidad es la de, en momentos puntuales, dirigirse a él tratando de hacerle cómplice de la idea presentada. Esta alternativa puede requerir de aliados, que pueden ser colaboradores o incluso jefes de otros departamentos que estén de acuerdo con la idea y la forma de exponerla.

Los jefes del estilo del de Gonzalo rara vez se enfrentarán a un colectivo y, menos aún, si hay empleados de su mismo rango jerárquico. Hay que recordar que los jefes suelen ser personas con un nivel de inseguridad alto y necesitan de este tipo de sobreactuaciones para tratar de derivar el foco de los demás hacia ellos. Necesitan ser y sentirse protagonistas. Entonces, ¿por qué no invitarles a ser partícipes del proyecto y asegurarse el buen fin del mismo?

- Otra alternativa era haber puesto en evidencia la actitud de su jefe delante de todo el mundo: opción peligrosa ya que puede tener diferentes resultados, desde que el miembro del Consejo de Administración considere inaceptable la insubordinación de Gonzalo, a entrar en un enfrentamiento abierto con su jefe de consecuencias imprevisibles. Sin duda alguna, esta opción es la más desaconsejada salvo que se tenga la certeza de que se tienen los suficientes respaldos como para poder salir airoso del lance.

- Una última opción sería compartir esta situación con el superior del jefe de Gonzalo. Opción desaconsejable, salvo que se tenga información veraz o indicios de que el superior encajará bien la queja de un empleado que está bajo la supervisión de uno de sus colaboradores directos. En tal caso reaccionará de forma madura y con clara voluntad de solucionar una actitud perjudicial para todo el equipo. Agradecerá la información facilitada e implementará las acciones necesarias para corregir la situación.

  Sin embargo, esto no suele ser lo habitual. Por alguna extraña razón se tiende más a excusar, disculpar y minimizar este tipo de comportamientos, posiblemente por la idea equivocada de que si alguien ha llegado a un puesto directivo es porque tiene las habilidades necesarias para gestionar personas y proyectos. La realidad de muchas empresas demuestra que un gran número de directivos tienen grandes carencias en lo que respecta a sus habilidades en la gestión de personas, aunque sus conocimientos técnicos suelen ser muy destacables. Y justamente es esa «miopía empresarial» la que hace que incluso las personas que dirigen a directivos tiendan a subestimar la opinión de un empleado respecto a deficiencias en la gestión de personas. Y no olvidemos que hay empresas que fomentan este tipo de actitudes tiránicas y egocentristas, con lo cual el empleado que escala el problema se puede encontrar solo ante el peligro.

Lo más preocupante de la situación relatada es que posiblemente Gonzalo, harto de la actitud de su jefe, terminará por marcharse y buscar una empresa que sea capaz de ver y valorar su talento.

Porque, si hay jefes como el de Gonzalo, es porque hay empresas que lo permiten y culturas que lo fomentan. Y esa responsabilidad recae en la dirección general.

¿Queremos jefes o líderes?

13 | El dilema de la reacción ante la tiranía
Cuando tu jefe se convierte en tu peor pesadilla

> «La soberbia nunca baja de donde sube,
> pero siempre cae de donde subió».
>
> Francisco de Quevedo

¿Eres un jefe tirano? ¿O has padecido a uno? ¿Qué dinámicas grupales se observan cuando el departamento o la empresa tienen al frente un tirano? ¿Hasta dónde y cómo el impacto de ese tipo de gestión influye en el departamento o en la empresa? ¿Se generan comportamientos tóxicos en los colaboradores, por el efecto dominó? ¿Cuáles y por qué?

Gloria, una buena amiga de Daniel que ha trabajado en diversos sectores y empresas de variados tamaños, ha padecido en sus carnes los estragos de una jefatura tiránica. Ambos reflexionan y conversan sobre el impacto que ese tipo de comportamiento tóxico genera en los colaboradores y en la propia empresa.

En este capítulo hablaremos de las diferencias entre un jefe tirano y un jefe exigente. Le propondremos al lector un breve pero revelador ejercicio para conocer su nivel de autoconocimiento. Y, por último, facilitaremos algunas estrategias para hacer frente a un jefe tirano.

El directivo

Gloria llevaba tiempo, demasiado quizá, observando a su alrededor unos comportamientos a los que su mente cartesiana necesitaba poner nombre. No sabía exactamente por qué se producían aquellas dinámicas extrañas, ni si eran simplemente fruto del azar o, por el contrario, de la causalidad, pero comenzaba a vislumbrar que existía un eje común alrededor del cual pivotaban.

Gloria se sentía fuera de ese mundo aun estando dentro. En aquel contexto humano vivía en una especie de duermevela, donde las ideas conscientes aparecen envueltas por una tenue penumbra y las ensoñaciones se funden con la realidad. Un mundo raro.

En un período de descanso estival, su cabeza, sin ella notarlo o saberlo, trabajaba buscando ese eje común. Y uno de esos días, bajo el chorro de la ducha, sintió el gozo intelectual del eureka del científico: el objeto de su búsqueda se llamaba arrogancia.

La arrogancia explicaba todo aquello que Gloria experimentaba a su alrededor. Las piezas encajaban cual guante en mano. No era la primera vez que reflexionaba sobre este concepto. Se trataba de un subproducto del ego sobre el que en otras ocasiones ya había cavilado.

Me contaba Gloria que el asunto de la arrogancia le conducía inevitablemente a la clásica disputa filosófica entre Hobbes y Rousseau. Ambos partían del concepto «estado de naturaleza» para designar aquel contexto primigenio en que el ser humano apareció y comenzó a configurar su ser individual y su ser social. Hobbes sostenía que en el estado de naturaleza los humanos ya nacimos albergando sentimientos malvados y egoístas. Fueron las leyes las que amansaron nuestra bestia interior y generaron la sociedad actual, mucho más bondadosa y altruista que la original. «El hombre es un lobo para el hombre», decía Hobbes. La ley del hombre sustituyó a la ley de la selva. Por el contrario, Rousseau sostenía la tesis de que, en aquel estado de naturaleza, el ser humano era esencialmente bondadoso y altruista. Fueron las leyes y convenciones sociales creadas para regir la convivencia las que le pervirtieron –y siguen pervirtiendo–, haciendo aparecer la maldad en la sociedad.

Aunque es difícil posicionarse dado que sólo hemos conocido un mundo regido por la ley y las convenciones sociales, Gloria se reconocía fundamentalmente hobbesiana. Cuando observaba esas actitudes violentas y egoístas en niños de 1 o 2 años; o esas guerras inciviles donde se violan de manera sistemática los más elementales criterios de humanidad; o la creación de algunas naciones a golpe de machete y fusil, tendía a pensar que en efecto son las leyes las que nos permiten vivir en un entorno civilizado.

La arrogancia siempre remitía a Gloria a la dicotomía del estado de naturaleza. Ejercida desde posiciones de poder, es un reducto de la ley del más fuerte –fuerza intelectual, moral, física, económica, política o social– que, en lugar de manifestarse a través de las armas, lo hace de forma verbal y conductual.

La arrogancia es la cara vista de una cara oculta tras la que se esconden complejos, inseguridades, insatisfacciones y, probablemente, también sueños rotos y, con toda seguridad, vacío, mucho vacío. Hace mucho daño, es destructiva en el corto plazo y autodestructiva en el medio.

Gloria llegó a la conclusión de que, cuando un directivo la practica en la empresa, comenzaremos a observar comportamientos anómalos a nuestro alrededor. La arrogancia puede existir en todos los niveles de una organización, pero es mucho más tóxica cuando se practica desde posiciones directivas, porque el daño que se puede llegar a hacer se extiende como una mancha de aceite.

La arrogancia genera silencios.

A ningún miembro de nuestros equipos le apetecerá verse cuestionado en público o en privado por las malas artes de un jefe arrogante. Entre esas malas artes se cuentan:

- La humillación, ya sea por acción verbal o por omisión al ignorar a la persona.

- La ridiculización pública, que es una manera de situarse por encima de los demás y de recordar quién manda.

- Atacar al que destaca, para desacreditarle y evitar que le pueda hacer sombra.

- El no reconocimiento de los errores, que tanto puede ser una manifestación de excesivo orgullo como de arrogancia, pero en este último caso se distingue porque se une al resto de síntomas.

- El endiosamiento, como resultado de la interacción del arrogante con un grupúsculo de la organización que emerge a su alrededor, al que me referiré más tarde y que Gloria acostumbraba a llamar «palmeros».

- La culpabilización del que ya no está o del que pasaba incidentalmente por allí, que es una consecuencia de la no asunción de errores ya que, como podréis haber deducido, un jefe arrogante nunca se equivoca.

- Los monólogos autocomplacientes, que colman el deseo del arrogante de oírse a sí mismo.

- La sistemática falta de escucha a todo aquel sonido que no sea su propia voz, para evitar la fatal situación de que alguien tenga mejores ideas que él o ella.

Coincido plenamente con la visión de Gloria sobre los efectos de la arrogancia. La he visto practicar en no pocas ocasiones, tanto en el ámbito personal como profesional.

¿Te ves identificado como jefe o jefa arrogante? En tal caso sigue leyendo para ver si soy capaz de convencerte de cuán tóxica es tu actitud y de lo mediocre que es tu desempeño. Si no te sientes identificado, te felicito... aunque para disponer de un diagnóstico certero habría que preguntárselo a tus colaboradores.

¿O quizá te sientes víctima de un entorno donde tu jefe gestiona desde la arrogancia? Entonces mi recomendación es que te cargues de noradrenalina y huyas cuanto antes de allí.

Gloria categorizó los fenómenos conductuales que se producen en los equipos o las compañías gestionados por jefes –nunca son líderes– arrogantes. Uno de los síntomas que antes se perciben en un departamento u organización gestionados desde la arrogancia es que el grupo no habla cuando el jefe está presente. Les cuesta emitir opiniones porque han experimentado en sus carnes –o presenciado en la de otros– la ridiculización, la humillación, el caso omiso. Profesionales que en otros entornos demuestran o demostraron su valía, se empequeñecen o acaban autoempequeñeciéndose ante una jefatura arrogante.

El mal clima impera en la empresa o en el departamento porque sus miembros comparten un objetivo individual que prevalece ante cualquier otro: el de merecer la aprobación del jefe como mecanismo de supervivencia. Impera el sálvese quien pueda y el tonto el último. La prioridad no es la profesionalidad; la prioridad es salir indemne.

El diccionario de la Real Academia Española define tirano como «aquel que abusa de su poder, superioridad o fuerza». Se ajusta bien a las características del jefe arrogante, así que, por extensión del lenguaje, podemos decir que su gestión se caracteriza por el ejercicio de la tiranía.

Gloria observó que, propiciado por la toxicidad de una jefatura arrogante, surgen tres grupúsculos bien diferenciados en la organización:

- Los palmeros o aduladores, que son los que se dedican a aplaudir sistemática y ostentosamente cualquier opinión o decisión del tirano. Serían el equivalente al bufón de las cortes palaciegas medievales, si no fuera porque no nos hacen reír sino todo lo contrario: nos producen una mezcla de indignación, pena y vergüenza. No son un grupo cohesionado, actúan por intereses meramente individuales. Ocupan gran parte de su tiempo en conseguir los favores del jefe a través de la confidencia de chismes, rumores, descréditos y delaciones. Le hacen un flaco favor al tirano –y, por supuesto, a la compañía–, ya que le impiden darse cuenta de su error y de su mediocridad, alimentando y amplificando su arrogancia.

- Los asentidores, que son los que le dicen que sí a todo. Sienten el temor a caer en desgracia o a enzarzarse en discusiones –las cuales acostumbran a caracterizarse por ser bastante desagradables– y las evitan. Tampoco acostumbran a formar un grupo cohesionado. Podemos distinguir dos subgrupos: los desmotivados y los cumplidores-de-9.00-a-18.00. Ninguno de ellos destaca por su compromiso con los colores corporativos.

- Los rebeldes, cuyo futuro en la empresa suele ser corto. Por su fugacidad y leve huella, es un colectivo proclive a ser culpados de todos los males presentes y futuros. A diferencia de los dos grupos anteriores, sí acostumbran a formar piña entre ellos. Son un colectivo homogéneo, cuya labor principal es la de contaminar a los asentidores para que se unan a ellos. Suelen desear que las cosas vayan mal, como venganza contra el tirano y porque ellos no esperan estar mucho tiempo más entre esas paredes.

Existe un cuarto colectivo que no se ha considerado, dada su alta «efimeridad»: los recientemente incorporados, que todavía no han padecido los estragos personales o colectivos del tirano. Al poco tiempo devendrán inexorablemente en miembros de uno de los tres grupos.

Repasemos el tétrico cuadro que tenemos ante nosotros: unos palmeros que se dedican a aplaudir, unos asentidores acríticos y unos rebeldes apuntando su munición a la línea de flotación de la compañía.

Entonces… ¿quién se dedica a trabajar por la empresa? ¿Quién lucha por la consecución de resultados? ¿Quién aporta ideas de valor? La respuesta es casi una tautología: el propio jefe arrogante. Empresa unipersonal, porque nadie más tiene ganas ni puede contribuir.

¿Cómo ve el jefe o la jefa arrogante todo esto que ocurre a su alrededor? ¿Cómo vive los efectos sociales de su actitud?

Fijémonos: el Tirano observa que cuenta con unos colaboradores que ensalzan cualquier cosa que haga o diga, pero que aportan muy poco a la empresa. Por otro lado, otro colectivo tan sólo asiente, sin aportar demasiado tampoco. Y después están los rebeldes, que obviamente carecen de ganas de contribuir.

Por tanto, esta es la estampa que el jefe arrogante ve a su alrededor:

- Se considera una fuente inagotable de buenas ideas.
- Si él/ella no piensa, nadie piensa.
- Sus colaboradores aportan muy poco a la compañía.
- Sin él/ella, la empresa se iría a pique.

Ergo, su visión de la situación retroalimenta su rol de tirano y le reafirma en sus convicciones, comportamiento y acciones.

Recordatorio para tiranos y otros *sapiens* más benévolos pero con idéntica incapacidad para la escucha: si tomas las decisiones sin escuchar pensarás que tu equipo es un desastre; pero el desastre eres tú.

El especialista en gestión de personas

¿Ha tenido el lector, en alguna empresa para la que haya trabajado, la mala fortuna de tener un tirano por jefe?

Si la respuesta es sí, posiblemente todo lo que podamos decir aquí será poco comparado con el infierno por el que haya pasado. Y, con toda probabilidad, nos quedaremos cortos, ya que dentro de la categoría de jefes tiranos hay subespecies a cuál más dañina.

En cambio, si todavía mantiene la buena fortuna de no haberse encontrado con uno, mi más sincera enhorabuena. Le aseguro que es una experiencia claramente prescindible y que no aportará nada a su bagaje personal y profesional, salvo malestar.

La experiencia relatada por Daniel admite poca réplica. Gloria refleja con precisión los efectos de la arrogancia ejercida por directivos. En este diagnóstico me centraré en la diferencia entre exigencia y tiranía, así como en las causas de esta última.

En muchas ocasiones, la dificultad reside en cómo descubrir a estos jefes tiranos, ya que suelen tener la habilidad de disfrazar su tiranía bajo el manto de jefe exigente.

¿Cómo podemos distinguir un jefe exigente de un jefe tirano?

- Un jefe exigente marcará los plazos, objetivos y resultados esperados, mostrándose firme en ellos pero no autoritario. Cuando decimos que un jefe es firme, implica que, haciendo partícipe al colaborador, habrá determinado unos resultados con él/ella y se mostrará exigente a la hora de que se alcancen en el plazo estipulado.

    Esto poco tiene que ver con la tiranía, si se hace dentro de un clima de respeto y consideración de la persona y, por supuesto, teniendo en cuenta que siempre puede haber excepciones a la norma. Pero la excepción no debe convertirse en norma, ya que la ausencia de exigencia supondría la falta de asunción de responsabilidad por parte de los miembros del equipo, más típico de culturas y estilos de dirección paternalista, donde se prima la relación con las personas frente a los resultados.

    En cambio, un jefe tirano se mostrará inflexible con los medios, resultados y plazos. No consentirá que haya dilaciones, retrasos ni cambios que no hayan sido aprobados por él. En el fondo eso supondría aceptar que los demás pueden cumplir con sus responsabilidades sin necesitarlo a él. El jefe tirano necesita crear dependencia con sus colaboradores e, incluso, con sus superiores.

- Un jefe tirano nunca podrá ser un líder. La esencia del liderazgo es crear confianza en los demás para que hagan cosas para las que nunca pensaron que podían estar preparados.

    Evidentemente un jefe tirano no fomentará este tipo de actitudes, ya que eso significaría perder el control de sus colaboradores. Esa es la esencia del despotismo y la tiranía.

    Sin embargo, esto no quiere decir que un jefe exigente sea necesariamente un líder. Para que se dé esa condición es necesario que se reúnan otras características:

    - Humildad: si piensa el lector en personajes que puedan ser considerados líderes, posiblemente le vendrán a la mente personas que han destacado por su humildad (Mahatma Gandhi,

Martin Luther King, etc.). Personajes públicos que han conseguido arrastrar tras de sí a numerosas personas, partiendo siempre de que ellos sólo eran uno más y alzaban su voz con la misma fuerza que el resto.

- Autoconocimiento: un líder conoce a la perfección sus puntos fuertes y sus áreas de mejora. Es plenamente consciente de que tiene áreas en las que trabajar y se siente muy comprometido con su desarrollo personal.

- Empatía: un líder sabe empatizar con facilidad y maneja de forma muy hábil las emociones, tanto las suyas como las de los demás. Y por manejar las emociones no nos referimos a manipular en un sentido negativo, sino a gestionar de forma adecuada sus propios estados emocionales y los de los demás.

- Sabe extraer lo mejor de las personas: un líder no sólo marca el camino sino que infunde la confianza necesaria en los demás para que lo transiten solos, incluso si no saben que pueden hacerlo. Esta es una de las grandes habilidades de los líderes: reconocer habilidades en los demás que ni siquiera eran conscientes que tuviesen.

- Un jefe tirano tratará de convertirse por todos los medios en una pieza imprescindible, con el fin de controlar cualquier movimiento insurgente que pueda hacerle quedar en evidencia. Es decir, suelen ser personas obsesionadas con el control y la imagen que proyectan, de tal manera que tratarán de minimizar cualquier atisbo de iniciativa que pueda surgir. Para poder hacerse con el control de las situaciones necesitarán recurrir a actitudes autoritarias e, incluso, manipuladoras, que le permitan seguir ostentando esa posición. Entre las actitudes más frecuentes que utilizan este tipo de jefes están:

  - Minusvalorar el trabajo de sus colaboradores.

  - Las únicas ideas válidas son las suyas. Y, si alguna idea de sus colaboradores la considera adecuada, se la apropia con total descaro.

- Si los resultados son buenos, el mérito es suyo. Si hay errores, son de los demás.

- Sólo él está capacitado para hacer el trabajo que hace. El resto de personas son meras comparsas que no tienen los conocimientos suficientes.

- Rara vez compartirá los elogios con su equipo.

- Tratará de rodearse de personas con un perfil bajo, que no puedan hacerle sombra y que acaten sus instrucciones sin cuestionarlas.

- Será tosco en el trato con los colaboradores, llegando incluso a ser frío. Le importan muy poco las emociones, empezando por las suyas y acabando por las de su equipo.

En cambio, un jefe exigente tendrá presente que con el control férreo los resultados se desvanecen y el clima laboral se enrarece, con lo que sólo recurrirá a él en contadas ocasiones.

Si el lector ha podido descubrir alguna de estas características en sí mismo, le invito a que reflexione sobre las siguientes posibles causas:

- Falta de seguridad: es una de las causas más habituales. Al contrario de la imagen que transmiten, este tipo de personas suelen ser muy inseguras. Por eso adoptan ese halo de arrogancia: para tapar sus propias inseguridades.

  A veces basta con hacer un ejercicio de reflexión profundo para detectar dónde están esas inseguridades. Si no, se puede recurrir a ayuda externa que pueda poner el foco en esas zonas oscuras.

- Falta de autoconocimiento: esto está directamente relacionado con la falta de seguridad; el escaso autoconocimiento suele producir inseguridad, ya que tenemos miedo a que los demás vean en nosotros cosas que desconocemos.

Quisiera hacer un paréntesis en este punto para proponerle al lector un breve y efectivo ejercicio: pídale a tres personas que le conozcan suficientemente bien que señalen tres puntos fuertes y tres áreas de mejora de usted. ¿Coinciden entre ellos en las áreas de mejora o las habilidades? ¿Coinciden con su propia idea de sus áreas de mejora y puntos fuertes?

Si es así, ¡enhorabuena! Demuestra tener un nivel de autoconocimiento alto.

Si no es así, lo cual es bastante habitual, significa que necesita expandir sus zonas ciega y desconocida.

Para explicarlo recurriremos a la ventana de Johari que es un modelo que sirve para ilustrar el proceso de comunicación entre las personas y las dinámicas de las relaciones personales.

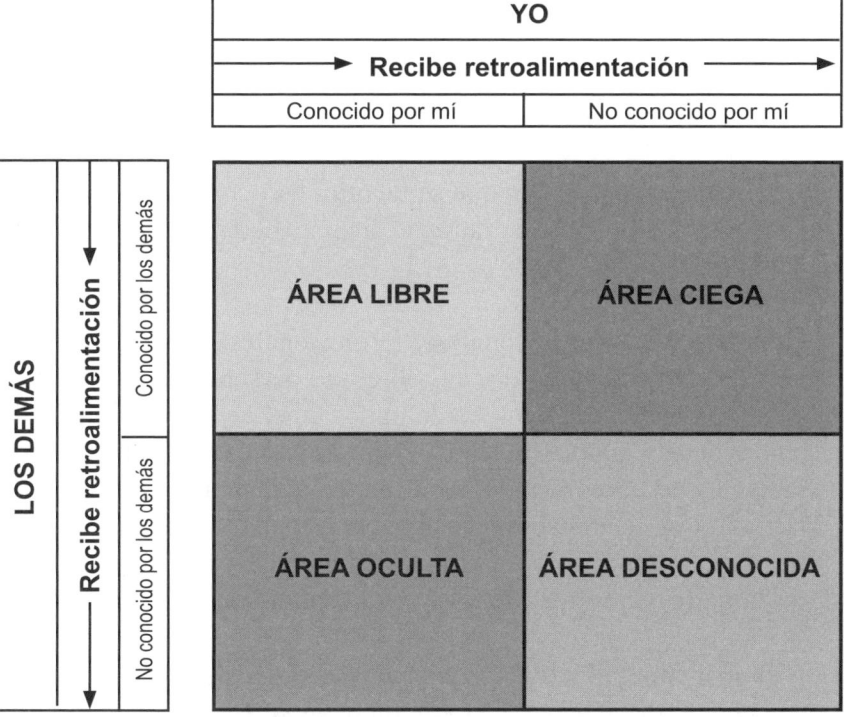

Así, el área libre es aquella que yo conozco y que también los demás conocen. El área oculta es aquella que yo conozco pero que no quiero que los demás conozcan (es decir, de forma deliberada oculto esa información). El área ciega es aquella que yo desconozco pero que los demás conocen. Y el área desconocida es aquella que yo desconozco y también los demás desconocen.

Como habrá podido apreciar el lector, el autoconocimiento se consigue expandiendo las áreas ciega y desconocida. Cuanto más pequeñas sean estas áreas, mayores serán la parte libre y la oculta y, por tanto, más información se manejará sobre uno mismo.

- Falta de habilidades emocionales: hay personas que son auténticos analfabetos emocionales y tienen verdaderas dificultades para reconocer sus propias emociones. Y difícilmente podrán reconocer las emociones en los demás si previamente no son capaces de identificar las propias.

  En estos casos suele ser muy efectivo llevar un diario emocional, en el que se anoten las emociones más relevantes que se han tenido a lo largo del día.

  Al principio es probable que se identifiquen una o dos como mucho, pero cuanto más se practique, más se incrementará el autoconocimiento emocional.

- Falta de objetivos personales y profesionales: una persona que tenga claramente definidos sus objetivos personales, con alta probabilidad los tendrá también definidos en el área profesional. Sin embargo, hay quienes dicen tener sus objetivos profesionales claramente definidos, cuando lo que en realidad tienen es una inercia hacia lo que están habituados a hacer o lo que se espera de ellos. Es por ello importante establecer la diferencia entre dejarse llevar o actuar de una forma proactiva en la definición de los mismos.

  ¿Cómo definir objetivos? Existen varias técnicas. La conocida con el acrónimo SMART es ampliamente utilizada.

Pero, en esta ocasión, quiero compartir con el lector un modelo algo diferente:

1. ¿Qué es lo que quiero alcanzar? Expresa tu meta en positivo. Por ejemplo: «quiero poder comunicarme de forma serena», en contraposición a «no quiero ponerme nervioso al hablar con los demás».

2. ¿Cómo sabré que he logrado la meta? Detecta qué indicadores o signos evidenciarán que has conseguido tu objetivo. Por ejemplo, si tu objetivo es hablar de forma serena, una evidencia sería que tu respiración se relaja y tu tono de voz se vuelve pausado.

3. Determinar cuándo quieres conseguir esa meta. Es muy importante que a tu objetivo le pongas un límite temporal, tanto para mantener tu nivel de exigencia como para evitar desviaciones.

4. ¿Qué me impide tenerlo ya? Determina los obstáculos que te impiden conseguir tu objetivo, con el fin de trabajar sobre ellos.

5. ¿De qué recursos dispongo para poder alcanzar lo que quiero? Detecta los medios y las fortalezas de que dispones para alcanzar tu objetivo.

6. ¿Qué otros recursos externos o habilidades necesito para poder conseguir mi objetivo? Es posible que no dispongas de todos los recursos necesarios. Identifícalos y esfuérzate en adquirirlos.

Reflexiones y sugerencias

¿Qué estrategias pueden resultar efectivas con un jefe tirano?

Lamento comunicarle al lector que no hay estrategias que valgan ante este tipo de personas tóxicas. Saben que ostentan el poder y lo ejercen de forma despótica.

Sólo queda adoptar alguno de los tres roles mencionados por Daniel:

- Convertirse en palmero: es decir, aplaudir todo lo que haga el jefe, tanto si está de acuerdo como si no, con la esperanza de que a uno le dejen tranquilo y pueda estar fuera de su foco atención. Evidentemente esta estrategia es poco adecuada para el desarrollo personal y profesional y tarde o temprano surgirán sentimientos de frustración e irritabilidad.

- Convertirse en asentidor: es decir, anularse como persona y como profesional, con las mismas consecuencias negativas que en el caso de los palmeros.

- Convertirse en rebelde: es decir, mostrar de forma constante su disconformidad con las decisiones del jefe. Tampoco resulta una buena opción ya que más pronto que tarde el tirano tratará de deshacerse del elemento molesto.

La opción más adecuada, que no la mejor, sería poner tierra de por medio y salir de la organización cuanto antes.

Lo más frustrante de este tipo de situaciones es que quien realmente pierde es la organización.

La empresa dejará de tener talento para tener mediocridad.

Sexta Parte
Gestión de la cultura y la comunicación empresarial

14 | El dilema de la negociación
La negociación como piedra angular en las organizaciones

> «El más lento en prometer es siempre el más seguro en cumplir».
>
> Claude Lévi-Strauss

¿Cuáles son los elementos que favorecen la negociación colectiva? ¿Se debe negociar con todo el colectivo o conviene designar la figura del negociador o portavoz? ¿Te has encontrado alguna vez con el incumplimiento de un acuerdo por alguna de las partes? ¿Cómo decidiste gestionarlo? ¿Consideraste el despido como herramienta de ejemplaridad hacia el resto del colectivo? ¿Decidiste renegociar el acuerdo? ¿Conviene gestionar de la misma forma un desacuerdo unipersonal que uno general? ¿Cuáles son las líneas rojas que nunca deben traspasarse en el cumplimiento de un acuerdo?

Víctor tenía un carácter reivindicativo. Era un técnico del departamento de Producción de una multinacional que trabajaba 24 horas al día, siete días a la semana. Una parada de cualquiera de las máquinas o sistemas de producción debía ser solucionada con inmediatez. Los márgenes con los que trabajaba la compañía eran reducidos y la competencia muy agresiva. Dependiendo de la época del año, tres o cuatro horas improductivas podían tener un impacto significativo en la cuenta de resultados de la empresa. Se llegó a un acuerdo horario y económico con el equipo de técnicos al que pertenecía Víctor, con el fin de que siempre hubiera una persona disponible para solucionar las incidencias de Producción. Pero algo se torció.

En este capítulo hablaremos de cómo llevar a cabo una negociación con los colaboradores para que tenga buenos resultados para ambas partes y partiendo de la premisa yo gano/tú ganas. También haremos una reflexión sobre la conveniencia o no de renegociar determinadas condiciones laborales cuando han sido pactadas y consensuadas por todas las partes así como de la necesidad de mantener los pactos alcanzados.

El directivo

La secretaria del departamento me presenta el informe mensual de horas extras a cobrar por cada miembro y veo que Víctor ha reportado una cantidad considerable de horas.

Seis meses atrás todos los miembros del departamento firmaron un acuerdo según el cual se sustituía el pago de horas extras por una generosa asignación fija mensual (o complemento), a condición de que durante una semana al mes estuvieran localizables a cualquier hora, para hacer frente a incidencias que pudieran parar la producción. El centro de trabajo operaba 24 horas todos los días del año, fines de semana y festivos incluidos.

Antes del establecimiento del complemento nadie estaba satisfecho: ni la organización ni el personal que tenía que resolver las incidencias. No existía una planificación de técnicos de guardia. Los operarios de producción tenían a su disposición la lista de teléfonos móviles de los técnicos y que alguno les respondiera era cuestión de suerte o de buena voluntad. Las incidencias podían producirse a cualquier hora, incluso de madrugada mientras los técnicos dormían. Tan sólo cobraban una –mísera– cantidad en el caso de que tuvieran que desplazarse a resolver el problema.

Afortunadamente no había incidencias cada día, ni siquiera semanalmente, pero cuando se producía alguna el descontento de todas las partes estaba garantizado. Y las pérdidas para la empresa, también.

Era mi obligación ponerle solución y fue así como instauramos el complemento.

No me fue fácil implantarlo ya que la cultura organizativa no era favorable a este tipo de complementos salariales. La primera vez que se lo expuse a mi superior, el director general, me expresó su disconformidad. Expuse mis argumentos con efusividad, refrendado por los datos –que no son opinables–, pero los factores culturales son ciegos a los datos. Me mostré tan firme en mis convicciones que finalmente me retó a que convenciera a mis compañeros del comité de dirección de las bondades del complemento. Si por unanimidad se aprobaba su establecimiento, él no pondría objeción.

Dicho y hecho. Inicié una campaña pro-complemento durante tres largos meses, persuadiendo a todos y cada uno de mis compañeros del comité de dirección –empresa multinacional, multicultural y con distintas afinidades personales, por tanto con poco espacio para el corporativismo o el clientelismo–. Creo que fue mi pasión por conseguir algo que yo consideraba tan bueno para la compañía lo que hizo que todos aceptasen. Había superado el reto.

Ahora era también importante que fuera aceptado y suscrito por los miembros de mi departamento afectados –es decir, los técnicos a los que me refería al principio–. Lo podría haber impuesto, pero no me pareció una opción saludable ni sostenible. Siempre es mejor convencer que vencer. En nuestro rol de liderazgo a veces no hay más remedio que vencer, pero nunca debería ser la primera opción.

El grupo de técnicos decidió designar a un portavoz, que sería mi interlocutor en el proceso de negociación de las condiciones del complemento.

No sin dificultades ni intenso debate, finalmente lo aceptaron y suscribieron. El portavoz hizo una gran labor de conciliación en los aspectos más espinosos. Y, por tanto, se estableció el sistema del complemento.

Volviendo a Víctor y, como he comentado al principio, se pactó que a partir de ese momento no se percibiría cantidad económica alguna en concepto de horas extras, ya que se consideraban incluidas en el pago del complemento. Puedo asegurar que era un pago muy generoso y que la mayoría de meses lo cobraban sin haber tenido que intervenir ni ser molestados una sola vez. Lo que el complemento intentaba compensar principalmente era la disponibilidad. Se trataba de una cuestión de justicia.

Pues bien, reúno al superior inmediato de Víctor, le explico lo ocurrido con las horas extras y le pido que hable con él. Tarea infructuosa, porque al poco tiempo vuelve a mí diciéndome que no le hace entrar en razón.

Decido hablar yo directamente con Víctor, pues.

—Víctor, veo que has reportado horas extras a cobrar. ¿A qué es debido?

—Vine dos sábados por la mañana el mes de junio por una tarea de mantenimiento.

—Según el sistema del complemento que acordamos hace seis meses, no se pueden cobrar estas horas, lo sabes.

—Pero se trataba de un sábado.

—Eso no cambia las cosas. Pactamos que cualquier acción fuera de horas se consideraría compensada por el complemento. Y que si en un mes concreto el esfuerzo extra superaba lo razonable, podíais tomaros una tarde, un día o dos libres, con el consentimiento de vuestro superior inmediato.

—Ya sabía yo que lo del complemento se iba a convertir en un coladero —me espetó.

—Aquí no hay ningún coladero, Víctor. Aquí hay un acuerdo que todos suscribisteis.

Le enseño el párrafo del documento donde aparece claramente reflejado el tema en cuestión.

—Daniel, yo simplemente me uní a la decisión mayoritaria. Pero no era partidario de ese párrafo.

—No sé cuál fue el proceso interno de decisión, ni me interesa saberlo. Tan sólo me remito al acuerdo que suscribisteis.

—Yo pensaba que ese acuerdo era temporal hasta que al cabo de cuatro meses nos sentáramos a revisar cómo estaba funcionando.

Me muestra el párrafo donde se indica que, a instancias de cualquiera de las partes (ellos o yo), nos podíamos reunir a los cuatro meses de vigencia del acuerdo para revisar su funcionamiento.

—Víctor, yo no os he propuesto reunirnos porque consideraba que estaba funcionando bien, ni vosotros tampoco me lo habéis pedido. Por tanto, no entiendo este argumento que me das ahora.

—Pues quizá habrá que hacer esa reunión de seguimiento, para revisar el acuerdo —percibo cierto tono de amenaza en sus palabras.

—Estáis en vuestro pleno derecho. Si todos queréis que nos reunamos, aquí estaré, no tengo inconveniente.

Para rebajar el clima de tensión que se ha generado entre Víctor y yo, le comento lo contentos que estamos en la organización con el servicio de incidencias desde que se instauró el complemento. Remarco mi percepción de que hemos mejorado tanto en calidad de vida —este nuevo esquema permite a los técnicos organizarse los fines de semana y festivos con mucha antelación— como en calidad de servicio —siempre hay alguien al otro lado del teléfono cuando se produce una incidencia— y está muy bien retribuido dado el bajo nivel de incidencias existente.

Creo que he conseguido suavizar la situación. Pero Víctor es conocido por ser muy reivindicativo y no sé qué labor submarina puede hacer a partir de ahora para intentar situar al resto de compañeros en contra del complemento.

No creo en el divide y vencerás como *modus liderandi* en la empresa. Es cortoplacista y generador de mal clima. Cuando se vuelve sistémico es muy destructivo. Sin embargo, táctica y excepcionalmente, a veces es útil. Y considero que esta es una de ellas. Decido criticar la actitud de Víctor ante algunas personas.

Hablo con el que fue portavoz del grupo de técnicos en la negociación de las condiciones del complemento. Le informo de lo sucedido con Víctor. Se indigna, me pide disculpas porque considera que es una muestra de que no hizo bien su labor de intermediario. Le respondo «nada de eso, tu labor fue excelente; simplemente alguien ha querido incumplirlo, y eso tú no lo puedes controlar». Sigue indignado, dice que hablará con Víctor. Le recomiendo que no lo haga, que espere a que surja la ocasión. Me dice que precisamente Víctor fue uno de los técnicos más favorables al complemento y al redactado final de las condiciones –lo contrario de lo que Víctor me había trasladado a mí–, convenciendo incluso al resto de que era un buen acuerdo. Más aún, cuando en su momento yo les propuse no dejar nada por escrito ni firmado sino confiar en nuestra mutua palabra –en aquel momento necesitaba establecer lazos de confianza con el equipo–, Víctor fue uno de los más fervientes defensores de dejarlo todo por escrito y así se hizo finalmente. El *homo sapiens sapiens* es un ser contradictorio.

De esta experiencia extraigo varios aprendizajes:

- Es bueno dejar por escrito los acuerdos con nuestros colaboradores. Fue un error por mi parte dejarlo abierto a su elección. Si aun estando escrito hubo una persona que quiso violarlo, no quiero imaginar qué podría haber ocurrido si hubiera sido un acuerdo verbal. ¡Salvado por la campana!

- En negociaciones grupales, es conveniente designar la figura de portavoz. La simple designación le despierta automáticamente sentido de la mesura y espíritu conciliador. Cataliza, favorece los consensos, lima asperezas y sus compañeros no dudarán de sus intenciones porque es un miembro de su colectivo. Fue un gran acierto.

- Después de esta experiencia, pudiera pensarse que lo mejor habría sido imponer (vencer) en lugar de conciliar (convencer). No lo creo en absoluto. Vencer es cortoplacista. Va acumulando resentimiento en las personas; los más reivindicativos van contaminando al resto del colectivo y un día estalla la bomba. Tanto si el estallido es silencioso (propio de culturas empresariales donde impera el miedo) como ruidoso (propio de entornos industriales y de culturas participativas), el impacto es terrible: desmotivación, crispación y sentimiento de injusticia.

Gestionar entornos abiertos y participativos es un reto. Genera confianza, motivación y sentido de pertenencia, pero también requiere habilidad para gestionar conflictos. No es que surjan más conflictos que en un entorno de miedo –bien al contrario, ya que en un entorno de miedo hay más, la mayoría silenciosos–. Pero sí que se expresan más abiertamente y su mala gestión puede provocar un quiebro de la confianza.

Aprovecho para recomendar un fantástico libro, que he convertido en libro de cabecera y de continua referencia: *No miedo,* de mi admirada Pilar Jericó. Os emplazo encarecidamente a que lo leáis. Contiene muchas de las claves sobre lo que debemos y, especialmente, lo que no debemos hacer, para crear organizaciones y equipos comprometidos y tendentes a la excelencia.

Las aguas volvieron a su cauce. Pero en lo sucesivo Víctor se afanó en contaminar al resto del equipo. Fueron surgiendo quejas esporádicas de otros miembros, marcadas por su inequívoco sello, claramente orquestadas y manipuladas por él. No podía permitir algo así y fue despedido a los pocos meses.

Como padre considero que son muy pocas las reglas educativas necesarias para conformar en el carácter de nuestros hijos unos valores básicos que les ayuden en su individualidad y en su colectividad. Una de esas reglas es, sin duda alguna, que los acuerdos hay que cumplirlos. Lo contrario genera desconfianza e inexistencia de un marco de referencia.

El especialista en gestión de personas

Negociar las condiciones de trabajo, una vez que ya estás trabajando, es una de las cuestiones más espinosas y a la vez más complicadas.

Y ello debido a varios motivos:

- Cuando estamos trabajando, el hecho de que la empresa nos plantee una negociación de nuestras condiciones laborales puede ser visto como una amenaza o como un reconocimiento al trabajo realizado, aunque lo más habitual es que se vea de forma amenazante.

- Los empleados suelen presuponer que la empresa querrá cambiarles las condiciones para empeorarlas y, por tanto, si propone una mejora, será porque lo que espera obtener a cambio compensará con creces lo que la empresa está dispuesta a ofrecer.

- En general, estamos poco habituados a que se nos planteen cambios. Por muy mal que funcione el sistema que tenemos, preferimos aferrarnos a lo que nos es conocido. El inmovilismo dentro de las organizaciones es una de las peores enfermedades que tienen las empresas debido a lo rápido que se propaga.

- Si el cambio se plantea para un grupo de empleados, es bastante habitual que surjan discrepancias entre las personas afectadas. Y más frecuente aún es el prejuicio de que aquellos que se adhieren porque les parece que las condiciones son justas, adecuadas o, simplemente, les conviene suelen estar de parte de la empresa y, por ende, en contra del resto de los compañeros. Poner de acuerdo a varias personas cuando se trata de negociar cuestiones económicas es uno de los puntos candentes de una negociación y lo más probable es que nadie quede satisfecho. Aquí es donde entra en juego la capacidad de negociar de las partes.

En este caso concreto se dan todas estas circunstancias. Los empleados estaban habituados a un determinado sistema que, aunque no satisfacía a nadie, era lo que conocían y, por lo tanto, estaban habituados a ello. El aforismo «más vale malo conocido que bueno por conocer» alcanza toda su expresión en este tipo de situaciones. Y no sólo se produce esto entre los propios empleados afectados sino, incluso, entre los miembros del comité de dirección y el propio director general. Albergaban dudas acerca del nuevo sistema.

Los empleados tienden a pensar que, por muy bueno que pueda llegar a ser el nuevo sistema, no deja de ser algo desconocido cuyas posibles repercusiones podrían no controlar. Es por ello que cualquier movimiento tendente a cambiar lo establecido se percibe como una clara amenaza a la estabilidad laboral y emocional de la empresa. Prueba de ello es la propia resistencia de los directivos a implantarlo, y la tarea del promotor de la idea de tener que hacer campaña durante varios meses para poder sacarla adelante.

Resulta llamativo ver cómo una idea que a todas luces va a redundar en beneficio, no sólo en la calidad de vida de los implicados sino en la organización, se vea sometida a tal nivel de cuestionamiento desde la propia dirección de la empresa. Esto puede ser debido a que desde la propia Dirección General se lleva a cabo una doble gestión de la empresa: la de puertas para afuera, que consiste en dar la imagen de una compañía en la que se llevan a cabo continuas revisiones de procesos de cara a la mejora de los resultados y del desempeño; y la de puertas para adentro, donde lo habitual es ver cambios de escasa envergadura para que el núcleo central de la empresa permanezca casi inalterable. «Cambiar para que todo quede igual», decía Lampedusa. Esta dualidad es bastante habitual en las empresas. La rapidez de los cambios hace que las organizaciones más anquilosadas necesiten de mucha energía para poder moverse con la celeridad que impone el mercado. Sin olvidar que las empresas están dirigidas y constituidas por personas, que somos las primeras en mostrarnos reacias a llevar a cabo cambios, por miedo a perder nuestro estatus.

Otra idea que está ampliamente extendida entre los empleados, y que conecta con la anterior, es pensar que cuando la empresa pone encima de la mesa una cuestión para negociar es para empeorar las condiciones pero rara vez para mejorarlas. Esto tiene bastante que ver con el pensamiento tradicional de que la empresa o el patrón es intrínsecamente malo y el empleado necesita ser protegido de este. Sin embargo, se trata de un tipo de pensamiento arcaico y sin sentido en las organizaciones actuales. Ahora bien, la idea todavía está bastante extendida entre los empleados de muchas empresas.

Reflexiones y sugerencias

A la hora de sentarse a negociar es necesario, para poder obtener los resultados esperados, los siguientes puntos:

- Tener en mente cuál es el objetivo que se quiere conseguir.

- Asumir que para poder obtenerlo será necesario hacer concesiones a la otra parte. Es lo que se conoce como la posición yo gano/tú ganas.

- Partir desde cualquier otra posición, como yo gano/tú pierdes, aunque inicialmente se consiga el objetivo esperado, a medio plazo está abocado al fracaso ya que en el futuro otra persona intentará esa misma estrategia.

- Tener en cuenta siempre a la otra parte, lo que significará tratar de ponerse en su posición, tratar de entender sus motivos, comprender sus argumentos… En definitiva, empatizar con la persona con la que estás negociando.

- Pensar que en una negociación no hay vencedores ni vencidos, sino resultados.

- Ser lo suficientemente flexible como para adaptar tus pretensiones a la situación real. La clave de los grandes negociadores está en la capacidad de ser flexibles ante sus propias pretensiones y las de la otra parte.

- Plasmar los acuerdos alcanzados por escrito para, en caso de duda, poder recuperar los términos de la negociación.

- Y, lo más importante de todo: respetar el acuerdo contraído. Un pacto que se rompe debido al incumplimiento de alguna de las partes es un claro signo de falta de compromiso a la propia esencia de la negociación, que no es otra que llegar a un acuerdo beneficioso para todos.

La estrategia utilizada por Daniel a la hora de implantar esta medida es la de convencer frente a vencer. Resulta evidente que es un tipo de estrategia que requiere de bastante más tiempo y esfuerzo que la de vencer, pero los resultados a medio y largo plazo serán mucho más satisfactorios sin lugar a dudas. Frente a la estrategia de vencer, donde lo habitual es la imposición del criterio de una de las partes sin tener en cuenta a la otra, se erige la estrategia de convencer, donde la importancia reside en que ambas partes queden satisfechas. Convencer requiere de la voluntad de todos por alcanzar un acuerdo, así como la necesidad de que cedan en algunas de sus posiciones. Mientras que vencer es la imposición pura y dura, sin tener en cuenta a la otra parte. A medio plazo la estrategia de vencer terminará convirtiéndose en un foco de problemas, dado que proviene de la imposición y lo más probable es que los propios empleados la saboteen al no sentirse partícipes.

Aun así, a veces ocurre que los participantes en una negociación deciden, de forma unilateral, cambiar las reglas de juego porque la solución adoptada no les convence por algún motivo. Esto es lo que ocurre en este caso cuando Víctor decide seguir con el sistema antiguo, pese a que había sido uno de los mayores defensores de la nueva medida. En estos casos conviene sofocar el incendio cuanto antes ya que el riesgo de que pueda propagarse es muy elevado. Al igual que los incendios en verano encuentran su foco de poder en las hojas secas, en este caso es fácil que la mecha prenda con facilidad entre otros compañeros ante la expectativa de forzar una nueva negociación de sus condiciones laborales.

Por ello la táctica utilizada de involucrar de lleno al portavoz del grupo de empleados resulta vital para sofocar el conato de incendio. En definitiva, se trata de evitar la propagación de una actitud nociva mediante la involucración de uno de los componentes que puede tener más influencia sobre el resto de los miembros del equipo. Y la realidad nos demuestra que este tipo de acciones funcionan. Claro está, siempre y cuando se realicen desde una posición de yo gano/tú ganas. Suele ser común encontrarnos este tipo de actitudes en empresas o departamentos donde el directivo crea un clima de participación frente al ordeno y mando tan habitual de la gestión desfasada de personas.

Ahora bien, puede ocurrir que haya algunos empleados que confundan ese carácter abierto y participativo con una invitación a transgredir las normas más básicas de convivencia. Suelen ser especialistas en generar climas enrarecidos en los equipos, que confunden la sensibilidad con la debilidad. Es aquí donde una buena gestión por parte del directivo o mando intermedio se hace necesaria, ya que de su capacidad de gestionar este tipo de respuestas dependerá en gran medida su autoridad y credibilidad frente al equipo. No hay una solución única. Por ello es muy importante que el mando intermedio sea capaz de medir los efectos de su respuesta dentro del equipo y tratar de adelantarse a cualquier posible reacción incómoda. La técnica del divide y vencerás conviene usarla con mesura y eligiendo muy bien el contexto, ya que se corre el riesgo de que se provoque fractura en el equipo.

En algunas ocasiones la solución pasará por excluir al miembro díscolo del equipo y, en otras, al contrario, será necesario poner en marcha una campaña de involucración del mismo en el proyecto para que se sienta parte.

No hay soluciones buenas o malas, sino respuestas adecuadas.

Por último, recordar que llegar a un acuerdo sólo es el principio de una negociación y no el fin. Un acuerdo provechoso para todas las partes es el comienzo de muchos futuros pactos y negociaciones.

15 | El dilema de la comunicación
Cuando es más importante el cómo se comunica que el mensaje

«Un hombre sabio se procurará más oportunidades
de las que se le presentan».

Francis Bacon

¿Te has visto en la obligación de tener que despedir a un colectivo porque la empresa no marchaba bien? En caso negativo, ¿cómo consideras que se deben comunicar este tipo de decisiones? En caso afirmativo, ¿cómo abordaste la gestión comunicativa? ¿Cuáles fueron tus emociones durante el proceso de desvinculación de las personas afectadas? ¿Y el suyo? ¿Tuviste que emplearte a fondo para que el impacto sobre las operaciones de la empresa fuera el menor posible tras el despido colectivo? ¿Necesitaste establecer un traspaso de conocimientos de los salientes a los que se quedaban? ¿Cómo lo viviste tú y cómo lo vivieron los salientes? ¿Lo volverías a hacer igual? ¿Qué aprendiste a nivel profesional y humano de esa experiencia?

Daniel tuvo que hacer frente a uno de los momentos más duros de su carrera profesional cuando fue informado desde la central de la multinacional en la que trabajaba, una de las filiales más grandes de la firma con unos 3000 empleados y muy bien posicionada en su sector hasta la fecha, de que debían acometer un despido colectivo. La imagen de las marcas más emblemáticas de la compañía comenzaba a resentirse en todo el mundo. La mala situación económico-financiera de la firma a nivel mundial y de la filial en la que trabajaba Daniel en particular convertían esos despidos en la única palanca posible para continuar subsistiendo.

En este capítulo hablaremos de la importancia de la comunicación en las organizaciones. En concreto, de cómo en ocasiones la forma del mensaje ejerce una gran influencia sobre el fondo de lo que se comunica. Daremos pautas sobre la manera más conveniente de transmitir mensajes difíciles consiguiendo el compromiso de los destinatarios, y la diferencia con estilos de comunicación donde no se tiene en cuenta a las personas.

El directivo

–La empresa no va bien. Tenemos que despedir a la mitad de la plantilla indirecta (el personal de oficina) para poder seguir subsistiendo.

Angus me convocó a su despacho para darme esta terrible noticia en privado y con carácter confidencial.

–¿Tan grave es la situación? –pregunté.

–Sí, muy grave. Desde la central me han enviado las líneas maestras del plan de recuperación que consideran que debemos aplicar. Han elaborado un diagnóstico riguroso. Lo he revisado y el análisis es impecable. No hay alternativa. Los números son implacables. Me han pedido mi opinión: he tenido que rendirme a la evidencia, les he trasladado alguna matización, pero en esencia refleja fielmente la realidad. Nos han pedido colaboración máxima. Quieren que, en concordancia con la cultura de nuestra empresa, gestionemos el impacto social con la máxima sensibilidad y el impacto mediático con la máxima prudencia. En dos semanas debemos enviarles un plan con acciones concretas y un calendario.

Se trataba de elaborar una lista de acciones para mejorar la eficiencia de la compañía, adaptándola a las nuevas demandas del mercado: contracción del consumo y guerra de precios. La reorganización implicaba racionalización y dimensionamiento de los procesos y actividades, así como de la plantilla. Teníamos que prescindir aproximadamente de 500 personas, sobre un colectivo de 1.000. El 50%.

Cuando te encuentras ante una situación similar, la primera reacción es de incredulidad. Sabíamos que las cosas no iban bien, pero no podíamos imaginar que las perspectivas de futuro fueran peores todavía. Las previsiones de ventas para los próximos años tendían a la baja. No se preveía una recuperación en el corto plazo. El consumo se contraía más y más. La competencia apretaba fuerte, con precios muy bajos. También su calidad era más baja y el consumidor, pese a saber que la nuestra era superior, no percibía que la diferencia de precio la justificase. Por tanto, para poder seguir subsistiendo teníamos que adelgazarnos.

Los pensamientos que acudían a mi cabeza pivotaban sobre dos ejes:

- El impacto negativo para esa cantidad de empleados y de familias que iban a perder su fuente de ingresos.

- El impacto positivo que el plan de recuperación iba a tener sobre la empresa y, por tanto, sobre el resto de empleados que podrían conservar su empleo gracias al plan.

No es el objetivo de estas reflexiones realizar un análisis económico-financiero de la compañía, ni discutir si se exploraron todas las alternativas. En mi opinión no había muchas más palancas que se pudieran activar. Pero lo que me interesa destacar aquí es el proceso que decidimos llevar a cabo y cómo se gestó y articuló.

Se me otorgó la responsabilidad de dirigir la reorganización. La transición debía ser ordenada. Mi cometido era presentar un plan de acción: la configuración final de cada departamento, tanto en personas como en procesos y actividades; la agenda para el traspaso de conocimientos de los salientes; la calendarización de las bajas y la cuenta de resultados provisional.

Debíamos hacerlo de manera ordenada, para que el impacto en las operaciones del día a día fuera el mínimo posible, y con sensibilidad social para compensar de la mejor manera posible a los salientes. Tampoco debíamos olvidar la «paz social» ya que no queríamos ruido mediático.

El proyecto era de envergadura y abordarlo internamente era inviable. Abrimos una licitación entre varias empresas consultoras expertas para que nos ayudaran a acometerlo.

La selección de esa empresa fue un proceso interesante. Convocamos a cinco de ellas dentro de la licitación. Angus y yo mantuvimos reuniones con cada una. Tuvimos ocasión de presenciar enfoques contrapuestos, que iban desde la orientación plena a tarea y escasa a personas, hasta la que se centraba en la persona y dejaba la tarea en un segundo término. Finalmente nos decidimos por una que equilibraba ambos enfoques: estaban orientados a la tarea, pero su metodología y enfoque eran sensibles al factor humano. Integraban a las personas en el proceso, haciéndolas partícipes del proyecto e implicándolas.

Una vez seleccionada la consultora que nos ayudaría, teníamos que definir unos objetivos cuantificables, la metodología, las personas clave del proyecto y –fundamental– la estrategia comunicativa a los empleados. En un proyecto de estas características es tan importante el fondo como la forma. La forma incluye el cómo-se-comunica-el-plan-a-los-empleados.

Discutimos estos aspectos formales en un Comité de Dirección. Existían varias corrientes de opinión en cuanto a la comunicación, que fundamentalmente podemos agrupar en dos. Por una parte, los partidarios de no explicar toda la verdad y, por tanto, ocultar que el objetivo final era la supervivencia de la empresa a través del despido de 500 personas. Por la otra, los partidarios de aplicar una política de transparencia máxima.

Los argumentos de los miembros favorables a la opacidad se basaban en que, si los empleados supieran que podían ser despedidos, se desmotivarían, no se mostrarían colaboradores en el proyecto, el impacto en el día a día sería muy alto y el proyecto fracasaría.

Los argumentos de los partidarios de la transparencia eran los contrarios. Se basaban en que los empleados ya estaban desmotivados a día de hoy porque los datos económicos eran bien conocidos y vivían con la incertidumbre de que en cualquier momento se tomarían medidas drásticas. En consecuencia, era positivo que supieran que teníamos un plan de recuperación encima de la mesa para salvar el máximo de puestos de trabajo posibles.

Finalmente optamos por la política de transparencia máxima.

En la sesión de comunicación del director general –Angus– a todos los empleados, la puntualidad fue exquisita. En las caras de los trabajadores se podía leer el abanico de emociones que existe entre la expectación y la preocupación. Sabían que algo se estaba gestando y querían conocerlo cuanto antes. Angus estructuró su presentación en tres bloques: datos económicos (en los que quedaba patente la mala situación de la compañía), plan de ventas para los próximos dos años (en los que se apreciaba con claridad que estábamos lejos del punto de equilibrio) y plan de subsistencia (presentación del proyecto). Habló muy claro y con afectación sincera:

> –Esta compañía está gravemente enferma; podemos salvarla, pero para ello es necesario amputar. Para que muchos de vosotros conservéis vuestro puesto de trabajo, es necesario que otros lo pierdan. Esta compañía puede volver a tener músculo para seguir adelante y crecer en el medio plazo, pero primero debemos adelgazarla, tanto en personal como en costes. Hemos pedido ayuda a una empresa de consultoría especializada en proyectos de reorganización. Sé que es difícil lo que os estoy pidiendo y quizá más todavía lo que os pido ahora: colaborad al máximo con ellos, por favor. Pensad que, aquellos que tengan la fortuna de poder continuar en la nueva etapa de la compañía que se abrirá pronto, se merecen poder hacerlo en buenas condiciones. Y es precisamente para esto que vienen los consultores. Y también quiero deciros que los hemos seleccionado a ellos porque han demostrado que son sensibles a las personas y a sus emociones. Para finalizar, sabed que desde este momento queda abierto un programa de bajas incentivadas para todo aquel que quiera acogerse. Tanto a los que decidáis acogeros ahora como a los que tengan que desvincularse posteriormente, sabed que la compañía lo va a hacer con la máxima sensibilidad personal y económica posible.

Fue un buen discurso. Y tuvo unos efectos balsámicos que incluso a mí, partidario desde el primer momento de la máxima transparencia, me sorprendieron. Algunas personas me comentaron, en las horas posteriores al anuncio, que aplaudían la sinceridad. Sabían que la empresa no iba bien y agradecían que se les hubiera hablado con claridad, como profesionales y no como a ignorantes.

A la semana siguiente comenzamos las actividades que nos habíamos marcado junto con la empresa consultora.

En la fase de entrevistas con personas clave o representativas de las diversas áreas funcionales, la química fue muy buena. Siempre encuentras perfiles más introvertidos a los que hay que sacarles las palabras y las opiniones con fórceps, y otros más extrovertidos. Y, claro está, entre un colectivo tan amplio también encuentras unos pocos rebeldes que están más centrados en destruir que en construir. Pero afortunadamente eran excepción.

El factor común imperante se resumía en las ganas de participar de forma activa por el bien de la compañía. Cuando la gente se siente tratada con atención y se la tiene en cuenta en los momentos difíciles, sale lo mejor de cada uno, esos talentos actitudinales y aptitudinales que todos llevamos dentro y que emergen cuando se les necesita.

También surgieron intentos de algunos empleados por posicionarse, por hacerse automarketing para postularse como soy-un-engranaje-imprescindible-de-esta-empresa. Es humano. Y, a pesar de que se les notaba a la legua, lo hicieron con elegancia, que es lo que distingue a los seres evolucionados.

Estoy convencido de que habría sido muy diferente si la estrategia comunicativa empleada hubiese sido la opacidad. El miedo habría campado a sus anchas, haciendo estragos en el día a día y en la motivación. La gente no es tonta. Se hubiera sentido ignorada y sola en el terreno de batalla. Habría desplegado su armamento de supervivencia. En lugar de extraer los mejores talentos de cada uno de nosotros, habrían emergido nuestras miserias. El sálvese-quien-pueda se habría impuesto como consigna tácita imperante. El resultado neto habría sido negativo (destrucción) en lugar de positivo (construcción). Estoy convencido de que hicimos bien.

De una de las entrevistas que realicé yo mismo a una empleada del departamento de Finanzas conservo todavía fresca en la memoria una parte de la conversación. Me dijo:

> –Sigo trabajando cada día con la energía intacta, como si esta empresa fuera a durar para siempre tal como es hoy. Y contribuyo en todo lo que está en mi mano a este proyecto de reorganización como si mi silla fuera una de las que se van a mantener.

Algunos lo expresaban así de explícitamente, otros a través de sus comportamientos y de sus acciones. Pero esta era la actitud predominante: seguir trabajando duro y bien, fuera cual fuera el resultado final. O, mejor dicho, para lograr un buen resultado final, por el bien de la empresa y, por tanto, por el bien de cada puesto de trabajo que se mantuviese.

Fueron pocas las personas que se acogieron al plan de bajas incentivadas. Ello iba a hacer más duro si cabe el trabajo del departamento de Recursos Humanos y de todos los que teníamos personal a cargo y amigos en la empresa.

El Comité de Empresa había sido tradicionalmente muy reivindicativo, en ocasiones rozando lo poco razonable. En esta ocasión cambió su actitud y se mostró receptivo y flexible. ¿Fue casualidad? No lo creo. ¿Fue un ejercicio de responsabilidad ante la gravedad de la situación? ¿Fue porque contaron con la máxima transparencia informativa por parte de la dirección? Probablemente una mezcla de todo. Por primera vez desde que entré en aquella empresa percibí madurez en la gestión de la paz social, por ambas partes.

Es frecuente que las reuniones entre los representantes de la dirección y los representantes de los trabajadores estén gestionadas desde los egos de cada parte o de cada individuo. Se olvidan de que ocupan unas sillas como responsables de un colectivo de personas. No es un *ring* de pelea de gallitos, sino una mesa de negociación. Se olvidan –los unos y los otros– de que hay un tercer agente en la mesa: la empresa. Y que están ahí sentados para servirla, no para lidiar sus batallas o intereses personales. Sus roles sólo tienen sentido en virtud de la existencia de ese tercer agente.

Propongo a los responsables de Relaciones Laborales y a los miembros de los Comités de Empresa que, cuando se reúnan, añadan una silla más y sienten en ella un cartel bien grande con la frase: «Soy la empresa. No puedo hablar, pero os recuerdo que estoy aquí».

A las pocas semanas finalizamos el proyecto y presentamos el plan de acción al Comité de Dirección, a la Central y al Comité de Empresa. E iniciamos su puesta en marcha.

La realidad fue mucho más cruelmente brutal que las previsiones. A las pocas semanas de poner en marcha la reorganización, la empresa tuvo que adoptar medidas todavía más excepcionales. Hoy ya no existe.

El especialista en gestión de personas

En situaciones de crisis largas y demoledoras nos vamos familiarizando con términos que se incorporan a nuestro vocabulario diario con facilidad y que van perdiendo la carga traumática que llevan implícita: ERE (expediente de regulación de empleo), despido colectivo, reducción salarial, cierre de empresa, etc. ¿Quién no ha tenido un amigo o conoce a alguien de su círculo próximo que se quedó sin trabajo o que vio cómo sus condiciones laborales y salariales fueron reducidas drásticamente en los años de crisis?

Si hay algo que todos aprendemos en años de crisis es que somos capaces de tomar decisiones difíciles y que estas sean aceptadas. Como ejemplo, el apoyo de los sindicatos a procesos de reestructuración brutales, cuando en épocas anteriores nos habría parecido inconcebible. Y vemos, en términos generales, que estos procesos de ajustes se realizan con todas las partes remando en una misma dirección y con objetivos comunes.

Hay que pasar por una crisis de dimensiones descomunales para que empresas, trabajadores, directivos, comités de empresa y demás actores dentro de la relación empresarial seamos conscientes de algo que es casi una obviedad: en general, en una empresa no hay ni buenos ni malos, ni explotadores ni explotados. En una empresa existe un proyecto que todas las partes desean que llegue a buen puerto. Comparten ese objetivo. Y es legítimo que cada una lo haga desde la defensa de sus intereses. No sólo se trata de conservar un puesto de trabajo y un salario, sino los de todo un colectivo.

Si hay algo de lo que nos hemos dado cuenta –pese a que todavía existen reductos de empleados que consideran que el trabajo es una especie de castigo divino por el que es necesario pasar para poder tener a cambio otras cosas– es que tener un empleo significa en muchas ocasiones poder desarrollarnos como personas y seguir evolucionando. Es una lástima que para poder darnos cuenta de este hecho tengamos que vivir y pasar por graves crisis de empleo.

Tomar la decisión de reajustar plantillas hasta dejarlas en su mínima expresión no es un buen síntoma, ni para la empresa ni para los empleados. Las posibilidades de supervivencia son bajas y, a veces, convierten en casi imposible remontar el vuelo.

Para que una empresa pueda funcionar en condiciones favorables y poder prestar todos sus servicios, es necesario que disponga de músculo (recursos necesarios) y, a veces, incluso de un poco de grasa (recursos excedentes). Algo muy habitual es que confundamos la grasa con el músculo y la empresa ajuste hasta el límite, llegando incluso a eliminar parte de este. En esta situación difícilmente podrá volver a recuperar el músculo necesario para salir exitosa.

El cómo se comunica la decisión de reducir la grasa determinará las posibilidades de recuperación real. Es más importante la estrategia comunicativa de este tipo de decisiones que la decisión en sí, ya que puede determinar el éxito o el fracaso de un proceso de reestructuración y, en consecuencia, de la viabilidad futura de la empresa.

Algo que no se suele tener en cuenta en este tipo de procesos es el ánimo de los empleados que conservan sus puestos de trabajo. Es muy probable que experimenten una mezcla de alivio por saber que continuarán en sus puestos y de temor al futuro de la empresa y de su situación.

Esa es la razón por la que la comunicación sobre lo que está pasando en la compañía y su estado de salud real es tan importante. A ningún cliente le gustará que un trabajador le haga un comentario del estilo «es que quedamos tan pocos que no sabemos si vamos a poder servirle el material a tiempo» o frases similares que hacen un flaco favor a la empresa. Sin embargo, por muy bien que se conduzca el proceso de reestructuración, siempre hemos de contemplar la posibilidad de que algún empleado, por pura venganza, realice comentarios que claramente perjudican la imagen de la empresa.

Reflexiones y sugerencias

Hay dos formas de abordar la comunicación sobre la salud real de la empresa:

1. Diseñar una estrategia comunicativa clara y honesta, conociendo y aceptando las consecuencias de ello.

2. El clásico «esto es lo que hay», desgraciadamente tan habitual en algunas empresas.

En el primer caso, la empresa que conoce qué es lo que quiere comunicar y cómo hacerlo, posiblemente tendrá en cuenta el estado de ánimo y las consecuencias del mensaje entre su plantilla, con lo que tratará de que la información sea lo más concisa, clara y diáfana posible, sin doblez ni malas interpretaciones.

No es la mejor ocasión para jugar con las palabras ni para tratar de tejer un tupido velo sobre la realidad. Bien al contrario, es el momento más adecuado para mandar un mensaje de transparencia y humildad a toda la plantilla, para que conozcan el detalle de la situación real de la compañía.

Ahora bien, una empresa no puede cambiar su política de comunicación con la plantilla de la noche a la mañana, ya que sería como el cuento del pastor y el lobo: si la empresa ha optado tradicionalmente por el oscurantismo y la falta de claridad, es poco probable que la plantilla confíe en la puesta en escena y acepte de buen agrado la petición de auxilio. Es probable que los empleados piensen que les están tratando de manipular y engañar para justificar algo que en el fondo la empresa ya tiene pensado hacer: despedir a parte de la plantilla.

En cambio, si la dirección tiene habitualmente por bandera la transparencia en la comunicación, los trabajadores reaccionarán de forma más positiva a la noticia. Por tanto, la forma de transmitir la noticia tiene una importancia vital, pudiendo incluso marcar la diferencia entre el éxito final y el fracaso.

Algunas pautas útiles a la hora de comunicar este tipo de decisiones son:

- No es lo mismo que lo comunique la Dirección General a que lo hagan las direcciones funcionales. Si lo hace la Dirección General, los empleados serán conscientes de la gravedad de la situación ya que les habrá llegado de la fuente principal. Tendrán la certeza sobre los datos y la realidad. Si, por el contrario, lo comunican el resto de directivos, algunos empleados podrán pensar que están exagerando y que la situación no es tan mala como la plantean. No es infrecuente que algunos directivos alteren, tergiversen y manipulen la información para orientarla a sus propios intereses. ¿Recuerda el lector haber jugado de pequeño al teléfono escacharrado? El juego era muy sencillo: varias personas van transmitiendo un mensaje que inicia el primero de la cadena y sucesivamente se lo van pasando al oído entre ellos. Cuando el mensaje llega al último de la cadena y lo dice en voz alta, se podrá comprobar que diferirá con respecto al mensaje inicial. ¿Por qué sucede esto? Porque la comunicación es algo vivo y las personas tendemos a enriquecer los mensajes que escuchamos con nuestras propias vivencias, experiencias y opiniones. Esa es la razón por la que, cuando se quiere transmitir un mensaje de vital importancia a un grupo importante de personas, es preferible no delegar esta comunicación en los demás. Hay que evitar que la fuerza y el impacto del mensaje se vaya perdiendo por el camino y/o se altere el contenido real.

- Otra de las ventajas de transmitir el mensaje desde la Dirección General de forma masiva es que todos los empleados reciben a la vez la misma información. No hay posibilidad de que unos se enteren antes que otros, con el malestar que eso puede suponer y, de esa manera, se corta de raíz la rumorología.

- Si lo que se quiere es que haya un clima de serenidad y de colaboración al comunicar la decisión, es conveniente poner el acento en la persona y no tanto en el hecho. Esto implica cuidar el impacto emocional hacia la plantilla, que posiblemente surja en los días siguientes. Gestionar el impacto emocional implica que los directivos tendrán que atender y resolver muchas dudas, preguntas e inquietudes de los empleados, así como aquellas situaciones que puedan surgir con colaboradores. Para ello es fundamental que los directores funcionales estén claramente alineados con la Dirección General respecto a los mensajes.

Si la compañía opta por limitarse al «esto es lo que hay», las consecuencias serán claramente negativas y podremos encontrarnos ante las siguientes situaciones:

- Empleados que en su tiempo de trabajo estén buscando activamente empleo, con total descaro y desatendiendo sus funciones. Son personas a las que les da igual si son elegidos o no para abandonar la compañía y deciden que «antes de que me echen ellos, me voy yo». En la empresa se respira un clima de sálvese el que pueda que, obviamente, perjudica la viabilidad de esta así como el clima entre los empleados.

- La apatía y desgana se instaura en algunos trabajadores, de tal manera que realizan sus funciones de forma mecánica sin importarles los resultados. Son los despedidos emocionales, personas que han optado por adelantar la idea de que serán despedidos y actúan en consonancia, pese a que todavía no tienen esa certeza.

- La competitividad entre los empleados puede exacerbarse, imperando la ley de la selva: todo vale con tal de conservar el puesto de trabajo, aunque ello suponga tener que pisar el cuello del compañero con el que se ha trabajado codo con codo.

¿Y qué pasa con los empleados que se quedan en la empresa y no son despedidos? Suelen ser los grandes olvidados.

Los Departamentos de Recursos Humanos invierten todos sus esfuerzos en el proceso de desvinculación de los trabajadores, olvidándose en muchas ocasiones de que los que se quedan necesitan tanta atención o más que los que se van. Y ello por varias razones:

- Tienen que pasar por un proceso de desvinculación emocional de compañeros con los que ya no trabajarán.

- Sus funciones se verán, probablemente, retocadas y adaptadas a la nueva carga de trabajo. Puede significar tener que realizar tareas para las que no están preparados técnicamente.

- Su motivación puede verse afectada, dado que la situación les generará incertidumbre sobre su futuro profesional. «¿Seré yo el siguiente?» es una pregunta que surge con mucha frecuencia y que no suele tener respuesta.

- Estas mismas personas suelen tener que dar explicaciones a los clientes sobre por qué ya no les atiende un determinado compañero o por qué se ha modificado un procedimiento, lo que hace que el proceso se convierta en una especie de mala digestión.

Ante eso, los Departamentos de Recursos Humanos y los propios directores funcionales pueden apoyar y facilitar la transición durante las siguientes semanas de la siguiente manera:

- Promoviendo la información sobre la evolución de la empresa y los efectos que han tenido los ajustes adoptados.

- Supervisando el clima de la empresa mediante reuniones departamentales, donde se pueda intercambiar información sobre cómo se están adaptando a los cambios y las nuevas funciones.

- Facilitar formación a todos aquellos empleados que lo necesiten por estar realizando tareas diferentes a las que venían haciendo.

Como ya habrá podido advertir el lector, en la experiencia relatada por Daniel la compañía optó por realizar una comunicación clara y transparente, empezando por la Dirección General. Es poco habitual que el máximo directivo decida afrontar de esa manera estas situaciones y que exponga con toda crudeza la realidad. Comprendió que de esa manera la empresa se aseguraba que el mensaje llegase íntegro y sin fisuras a todos los empleados, y que el nivel de compromiso e involucración fuese el más alto posible. Y, una cuestión no menor, los boicots al plan de ajuste se minimizan. Aun así, no hay ninguna certeza de que el proyecto llegue a buen fin, como se ha podido observar, pero al menos se generó una oportunidad y una ilusión que no convenía desaprovechar.

Tomar la decisión de prescindir de parte de la plantilla nunca es fácil. Pero la decisión de cómo hacerlo sí lo es, siempre y cuando se sepa y se tenga en cuenta qué se quiere conseguir.

RRHH Digital

EL PRIMER PERIÓDICO ONLINE DE RECURSOS HUMANOS

alento, management, coaching,
empleo, formación, liderazgo,
social-media, laboral, empresa
actualidad, legal, selección...

PRACTICAL LEARNING PATHS

El método de formación *online* con enfoque práctico, innovador e internacional, para adquirir competencias profesionales.

Practical Learning Paths son rutas o itinerarios de formación que tienen como objetivo desarrollar las competencias de directivos y profesionales para una ocupación determinada. Los itinerarios están basados en una competencia concreta, desarrollados en unidades de corta duración de una media de 10 horas.

Formación en español o en inglés, con acceso *online* desde cualquier dispositivo móvil y con la flexibilidad que los directivos y profesionales necesitan.

FORMACIÓN AVALADA POR EXPERTOS

CON EL SELLO DE LID EDITORIAL

APRENDIZAJE POR COMPETENCIAS

LIDlearning
.com

José María Prats
josemaria.prats@lideditorial.com

Consigue un 25% de descuento en tu primera matrícula

Capital Humano

El servicio de información que es la referencia para los Directores de Recursos Humanos y todos los profesionales de la Gestión de Recursos Humanos

Más de 70.000 directivos utilizan nuestros productos 3.000 autores colaboran en nuestras publicaciones.
Más de 30 años ofreciendo soluciones a la empresa

Formación e información de la mano de los mejores especialistas: nuevas tendencias y herramientas de gestión, organización y desarrollo de RR.HH.

- **Revista mensual:** 11 números al año.
- **Extra:** Trabajo Temporal.
- **Anuario** con estadísticas sociolaborales, resumen de legislación laboral, directorio de Recursos Humanos y un índice por áreas de actividad con unas 3.000 referencias.
- **Web actualizada diariamente** con información exclusiva, utilidades, recursos multimedia, informes, estudios, artículos, etc.

902 250 500 tel • clientes@wkempresas.es • http://tienda.wke.es

20 años
NOS QUEDA MUCHO POR HACER

- 1993 Madrid
- 2007 Barcelona
- 2008 México DF y Monterrey
- 2010 Londres
- 2011 Nueva York / Buenos Aires
- 2012 Bogotá